무비스님의 작은 임제록

불교는 쉽다

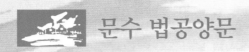 문수 법공양문

법화경에, 약왕보살이 부처님 앞에서 이렇게 말씀하셨습니다.
"저희가 큰 인욕의 힘을 내어 부처님의 가르침을 독송하고,
지니고 해설하며, 옮겨 쓰고 베껴서, 여러 사람들에게
공양하는 일에 몸과 목숨을 다 바치겠습니다."
그때 세존께서는 크게 기뻐하셨습니다.
이 경전의 말씀은 자신이 가진 모든 능력과 시간과 재산과 권력과
심지어 목숨까지도 부처님의 법을 전해서 세상을 평화롭게 하고,
사람들을 행복하게 하는 일에 다 바치겠다는 서원입니다.
그리고 이 서원은 자신의 능력을 어떻게 쓰는 것이 가장
가치 있는 것인지를 가르쳐 줍니다.
문수 법공양회에서는 이 책을 _____님에게 공양 올립니다.
문수 법공양회는 부처님의 가르침을 필요로 하는 사람들에게
여러 불교경전을 무상으로 공양 올리고자 하는 모임입니다.
그리하여 많은 사람들이 부처님의 지혜와 자비의 말씀에
흠뻑 젖어들고, 그로 인해 조금이라도 더 행복해졌으면 하는
꿈을 가지고 있습니다. 혹 저희들의 이러한 마음을 이해하시는
분은 동참하셔도 좋습니다. 환영합니다.
작은 책이지만 부처님의 말씀입니다.
좋은 공양이 되기를 빕니다.

문수 법공양회 합장

무비스님의
작은 임제록

불교는 쉽다

여천 무비(如天 無比) 풀어씀

拈花室

서문

　『임제록』의 주인공 임제臨濟, ?~867 스님은 석가모니 부처님 이후 가
장 뛰어난 조사스님이다. 임제 스님이 남긴 『임제록』은 팔만대장경과
온갖 조사어록의 내용들을 모두 함축하고 있다. 그래서 중국의 조사스
님들은 물론 우리나라의 조사스님들도 모두 임제 스님의 사상과 그의
법맥을 이어받아서 오늘의 선불교禪佛敎를 이룩하였다. 스님들이 열반
하시면 '열반에 드신 스님이시여, 본래의 서원을 잊지 마시고 속히 사
바에 오셔서 임제 스님의 문중에서 길이 인천의 안목이 되어주소서!'
라는 축원을 반드시 하는 것을 미루어 보더라도 그의 사상과 가르침이
얼마나 위대한가를 충분히 짐작할 수 있다.

　『임제록』은 어느 누구에게도 종속되거나 의지해서는 안 되며, 어떤
가르침과 사상을 따르거나 그것에 지배되어서도 안 된다고 한다. 부처
님과 보살들이나 조사들에게까지도 의지하거나 끌려다녀서는 안 되

며, 오직 '차별 없는 참 자기'가 있을 뿐이라고 한다. 그러므로 참 자기가 있는 한 어디를 가고 무엇을 하더라도 지금 그 자리 그 순간이 진정한 삶이며 참다운 행복이라고 가르친다.

필자는 불교에 입문하여 일찍이 『임제록』을 만난 인연에 천만다행으로 삿된 길이나 먼 길을 돌아다니지 않고 경절문徑截門이라는 지름길을 가고 있다. 그래서 『임제록』을 두고 '이것이 진짜 불교다'라고 표현한다.

몇 년 전 『임제록』을 번역 해설하고 비로소 부처님께 밥값을 했다고 생각하였는데 이제 다시 이 「작은 임제록」을 만들게 된 연유는 이렇다.

어떤 불자가 불교에 입문하여 오랫동안 여러 사찰을 헤매고 다니다가 어느 날 『임제록』을 읽고는 헐떡거렸던 마음이 다 쉬어지고, 온갖 속박에서 마음이 풀리고, 마음의 눈이 환하게 밝아짐을 느꼈다고 했다. 지극히 환희하여 필자를 찾아왔기에 자신이 감동한 구절들을 복습삼아 사경하여 다시 오라고 하였더니 어느 날 사경 노트를 들고 왔었다. 읽어보니 주옥같은 내용들을 잘 간추렸기에 이것으로 「작은 임제록」을 만들어 많은 사람들에게 법공양하여 불교에 대한 바른 안목을 열어주는 길잡이로 삼아야겠다는 생각에서 출판하게 되었다.

보살이 중생들을 제도하는 일은 마치 바다에 빠진 사람이 송장 위에 올라타고서라도 바다에서 벗어나야 하는 것과 같은 절박한 심정이라고 하였다.

어떤 방법으로든 불교의 정법을 널리 전하는 일을 하는 것은 부처님과 보살들과 조사님들의 일을 돕는 것이다. 세상에 태어나서 성인이

하실 일을 돕는다는 것이 얼마나 훌륭하고 위대한 일인가?

평소에 물심양면으로 도와주고 성원해주시는 많은 신도 법우님들과 인터넷 전법도량 염화실의 도반들과 법우님들의 큰 인연 공덕으로 작지만 이런 일을 할 수 있게 된 것을 무한한 다행으로 생각하며 지심으로 감사를 드린다.

이 책을 읽는 이와 직접 또는 간접으로 부처님의 정법을 널리 공양하는 이 일에 함께 동참한 모든 분들이 인생에 대한 안목이 환하게 열리고 헐떡이는 마음이 쉬어지고 편안해져서 지고한 삶의 가치를 깨달아 임제 스님의 문중에서 길이 함께 하시기를 간절히 바란다.

2008년 1월 동안거 결제 중에

여천 무비 합장

차 례

차 례

서序

해설 _ 서문은 임제 스님이 강남 황벽산에서 수행하던 일과 깨달음을 체험하게 된 사연들, 그리고 하북 땅 임제원에 주석하면서 제자들을 가르칠 때의 독특한 가풍을 보여준다. 또 노년에 이르러서 입적에 관한 일들과 임제록 간행에 대한 이야기들을 네 자의 시 형식으로 간략히 기록하고 있다. 임제록 전편을 압축한 셈이다. 한 때 선찰禪刹에서는 선객이 방부를 들이러 가서는 아무런 말도 없이 선방 문 앞에서 임제록 서문을 큰 소리로 외우고 있으면 그 선객을 높이 보아서 얼른 받아 주었다는 이야기도 전한다. 지금도 이와 같은 아름다운 풍속이 있었으면 한다.

진주 임제 혜조 선사 어록 서문

연강전의 학사이며, 금자광록의 대부며, 진정부로의 안무사요, 겸하여 마보군의 도총관이며, 겸하여 지성덕군의 부사인 마방이 쓰다.

해설 _ 서문을 쓴 마방이라는 사람은 당시에 뛰어난 명사였던 것 같다. 어록 중에 왕이라는 임제록에 서문을 쓴 큰 영광을 얻은 것 못지않게 글이 빼어나서 불교에서 손꼽는 명문으로 높이 평가받고 있다. 많은 벼슬의 이름을 너덜너덜하게 붙인 것이 좀 흠이긴 하다. 그냥 〈연강전 학사 마방이 쓰다〉라고 해야 했었다.

몽둥이를 얻어맞았다

임제 스님은 황벽 스님에게 일찍이 매서운 몽둥이를 얻어
맞았다. 그리고는 대우 스님의 옆구리에 비로소 주먹질을 할
수 있었다.

해설 _ 번갯불 속에서 황벽 스님은 불조의 용광로를 열어두
었다. 임제 스님은 처음으로 그 용광로에 들어간 것이다. 또 대우 스님
에게는 우주적 생명 대기대용大機大用을 들어 보였다.

임제 스님은 황벽 스님의 회상에 가서 공부한 지 3년 만에 수좌首座
의 책임을 맡고 있는 목주睦州 스님의 안내로 불교의 대의를 물었다.
"불교의 분명한 대의가 무엇입니까?"라는 질문이 떨어지기가 무섭게
황벽 스님의 몽둥이가 날아왔다. 무려 20대나 얻어맞고 쫓겨났다. 이
런 일이 세 차례나 있었다. 무려 60대나 신나게 얻어맞은 셈이다.

그리고는 황벽 스님과는 인연이 없음을 알고 대우 스님에게로 가게 되었다. 황벽 스님에게 불교를 물으러 갔다가 얻어맞은 일을 대우 스님께 모두 말씀드렸다. 그리고 자신에게 무슨 잘못이 있어서 그렇게 때렸는가를 물었다. 그랬더니,

"황벽 스님이 노파심으로 그대에게 그렇게나 친절하게 하였는데 여기까지 와서 무슨 잘못이 있느냐고 묻는가?"라고 하였다.

임제 스님은 그 말에 크게 깨달았다. 그리고는 "응, 황벽 스님은 불법이 간단하구나[無多子]."하였다. 그랬더니 대우 스님은 당장에 멱살을 잡고 "이 오줌싸개 어린놈이 황벽 스님에게서 쫓겨 와서는 방금 '무슨 잘못이 있어서 그렇게 때렸는가?'라고 하더니 지금은 도리어 '황벽 스님의 불법이 간단하다.'라고 말하는가. 너는 무슨 도리道理를 알았는가? 빨리 말해보아라."라고 하였다. 그러자 임제 스님은 대우 스님의 옆구리를 주먹으로 세 번 쥐어박았다. 대우 스님은 잡고 있던 멱살을 밀쳐버리고는 "너의 스승은 황벽 스님이다. 나와는 관계없다."라고 하였다.

천하의 대선지식인 황벽 스님은 불교를 물은 것에 대하여 몽둥이로 사람을 한 번에 20대나 후려쳤다. 세 번에 걸쳐서 무려 60대를. 그렇게 불교를 열어주고 보여주고 깨닫게 해주고 들어가게 하였다. 그 일에 대하여 "그토록 노파심으로 친절하게 가르쳐 주더란 말인가."라고 하신 대우 스님의 말씀은 더욱 숨이 막힌다.

호랑이 수염을 뽑다

말 잘하는 노파 대우 스님은 "이 오줌싸개 어린놈"이라 했고, 황벽 스님은 "이 미친놈이 또다시 여기 와서 호랑이 수염을 뽑고 있어!"라고 했다.

 해설 _ 죄인의 목에 씌우는 칼을 씌운 격이다.

"아직 불교에 있어서는 잠자리에서 오줌이나 싸고 남의 집에 소금을 얻으려고 다니는 어린아이 같다."라는 대우 스님의 말씀은 그 표현이 너무 절묘하다. 그래서 '말 잘하는 노파'라고 했다. 임제 스님에게 '오줌싸개'라는 애칭을 쓰는 것은 천하의 대우 스님이나 할 수 있는 말이다.

임제 스님은 대우 스님과 작별하고 다시 황벽 스님에게로 돌아갔다. 황벽 스님이 말하기를 "너는 이렇게 왔다 갔다만 하니 언제 공부를 마치겠는가?"

"저야 다만 스님의 간절하신 노파심 때문입니다."라고 말하고 인사를 마친 후 옆에 서 있었다.

황벽 스님이 묻기를 "어디를 갔다 왔는가?"

"대우 스님을 친견하고 왔습니다."

"대우 스님이 무슨 말을 하던가?"

임제 스님은 앞서 있었던 대우 스님과의 일을 다 말하였다. 그랬더니 황벽 스님은,

"어떻게 해야 그놈 대우를 만나서 한 방망이 단단히 때려줄 수 있을까?"라고 했다.

"뭘 기다릴 게 있습니까? 지금 바로 한 방망이 때려주시지."하고는 손바닥으로 황벽 스님을 후려쳤다. 임제 스님의 영원한 참 생명, 우주적 생명을 들어 보인 것이다.

그랬더니, 황벽 스님은,

"이 미친놈이 또다시 여기 와서 호랑이 수염을 뽑고 있어!"라고 했다.

그러자 임제 스님은 "할!"하고 소리를 질렀다. 황벽 스님의 불법을 간단하다고 말하던 자신은 그보다 더 간단하다.

황벽 스님은 "시자야, 이 미친놈을 끌고 가서 선방에 처넣어라."라고 하였다.

임제 스님이 호랑이 수염을 뽑은 솜씨를 독자들은 잘 살펴야 할 것이다. 천하에 누가 또 호랑이 수염을 뽑은 사람이 있던가? "뭘 기다릴게 있습니까? 지금 바로 한 방 때려주시지."하고 곧바로 손바닥으로

황벽 스님을 후려친 그 용기와 수단과 날쌘 솜씨는 천하에 짝할 이가 없다. 더하여 '할'을 한 소식도 놓쳐서는 안 될 것이다.

말은 짧아도 사연은 길다. 이런 사연은 필자가 저술한 「임제록강설」 행장行狀에서 잘 밝히고 있다. 임제 스님의 마음과 그의 불교를 이해하려면 이런 사연들을 익숙하게 알고 있어야 한다. 반복해서 들으며 눈을 떠야 할 일이다.

삼요삼현三要三玄으로 단련하다

　삼요삼현으로 수행납자들을 단련하였고, 항상 집안에 있
으면서 길거리를 떠나지 아니하였다.

　해설 _ 임제 종풍臨濟宗風의 특징이라고 할 수 있는 삼구三句
와 삼요삼현三要三玄과 사요간四料簡과 사빈주四賓主와 사조용四照用 등
이 있다.

　임제 스님이 말씀하시기를 "한 구절의 말[一句語]에는 반드시 세 가
지 깊고 현묘한 문[三玄門]을 갖추어야 하고, 한 가지의 깊고 현묘한 문
에는 세 가지의 긴묘한 점[三要]을 갖추어야 한다. 그래서 방편도 있고
방편의 활용도 있다."라고 하였다.

　그러므로 삼요삼현은 근기를 활용하는 세 가지의 양상을 나타낸 것
이다. 결코, 법문의 깊고 얕음을 의미하는 것은 아니다. 그러한 세 가지

로 활용하는 양상을 보여 수행납자들을 잘 단련하였다. 마치 무쇠를 두드려 강철을 만들고 나아가서 천하의 명검名劍을 만들듯이 하였다.

임제 스님이 법상에 올라 말씀하셨다. "한 사람은 영원히 길거리에 있으면서 집안을 떠나지 않고, 한 사람은 집안을 떠나 있으면서 길거리에도 있지 않다. 누가 인천人天의 공양을 받을 만한가?"

불교의 이상적 인물인 부처님을 문수보살과 보현보살이 조화를 이룬 상태를 말하기도 한다. 문수는 깨달음의 지혜를, 보현은 그 깨달음의 실천을 나타내는 인물이다. 깨달음과 그의 실천은 떼려야 뗄 수 없는 관계다. 마치 몸과 몸짓의 관계다. 몸이 있으므로 몸짓이 있고 몸짓은 몸이 있어야 할 수 있다. 그들을 말할 때 "문수는 언제나 집에 있지만, 길거리의 일을 떠나지 않고, 보현은 언제나 길거리에 있지만, 집안의 일을 떠나지 않는다."라고 한다.

임제 스님은 그처럼 안과 밖을 겸하였고, 이理와 사事를, 선禪과 교敎를, 문文과 무武를, 지혜와 실천을 완전하게 겸하여 어떤 일도 부족함이 없는 삶이었다.

무엇이 무위진인無位眞人입니까?

무위진인이 얼굴을 통해 출입하고, 두 집의 수좌가 동시에
'할'을 함에 주객이 분명하다.

해설 _ 임제 스님의 보고 듣고 하는 작용은 불조佛祖의 지위
에도 속하지 않고, 중생衆生의 지위에도 속하지 않는다.

임제 스님이 어느 날 법상에 올라 말씀하시기를,

"붉은 고깃덩어리에서 한 사람 무위진인이 있어서 항상 여러분의
얼굴을 통해서 출입한다. 그것을 증명하지 못한 사람들은 잘 살펴보아
라." 하였다.

그때 한 스님이 나와서 물었다.

"무엇이 무위진인입니까?"

그러자 임제 스님은 법상에서 내려와 그 스님의 멱살을 잡고 말씀하

시기를,

"빨리 말해 봐라."

그 스님이 머뭇거리고 있는데 임제 스님이 잡았던 멱살을 밀쳐버리고 말씀하시기를,

"무위진인이 이 무슨 똥 막대기인가."

라고 하시고는 곧 방장실로 돌아가 버렸다.

임제록에 첫째가는 한 구절을 꼽으라면 이 무위진인無位眞人이라고 할 수 있다. 흔히 '차별 없는 참사람' 또는 '참사람' 이라고 표현한다.

임제 스님 법석法席의 전장戰場에는 언제나 활과 칼을 서로 겨누고 있는 매우 긴장된 상황이었다.

임제 가풍을 표현하는 말로 '임제 할喝 덕산 방棒' 이라는 것은 널리 알려져 있다. 임제 스님은 할을 잘하고 덕산 스님은 방을 잘 쓴다는 뜻이다. 어느 날 법상에서 수행납자들과 할을 주고받으며 법을 거량하였다. 그날은 법을 거량하기 전에 벌써 동당東堂과 서당西堂의 두 선방에서 수좌가 서로 보는 순간 동시에 할을 한 적이 있었다. 어떤 스님이 그 문제를 들고 나와 임제 스님께 물었다.

"이럴 때 두 사람의 할에 나그네와 주인의 차별이 있습니까?"

"나그네와 주인이 분명하지. 대중들이여, 임제의 나그네와 주인의 소식[賓主句]을 알고 싶으면 두 선방의 수좌들에게 가서 물어보라."라고 하시고는 곧 법상에서 내려오셨다.

비춤과 작용이 동시同時라

비춤과 작용이 동시同時라. 본래 앞뒤가 없고, 거울[菱花]은 만상을 비추고 빈 골짜기에는 메아리를 전하네.

해설 _ 방편으로 본다면 수미산을 겨자씨 안에 들여놓는 일이다. 그 진실에 있어서는 위는 하늘이요 아래는 땅이며, 산은 산이고 물은 물이며, 승려는 승려고 속인은 속인이다. 또 비춰보는 입장에서는 삼천대천세계와 온 우주를 남김없이 다 비춰 본다. 그 작용을 하는 데는 할과 방이 번개 치고 태풍 불고 폭우가 내리듯 난무한다.

임제의 사조용四照用이라는 것이 있다. 역시 법을 쓰는 경우의 한 예로써, 임제 스님이 말씀하시기를, '나는 어떤 때는 먼저 사람을 비추어 관찰하고 뒤에 작용을 보이며[先照後用], 어떤 때는 먼저 작용을 하고 뒤에 관찰을 한다[先用後照]. 또 어떤 때는 관찰하고 작용하는 것을 동시에 하며[照用同時], 어떤 때는 관찰하고 작용하는 것을 때를 달리한다[照用不同時]."라고 하였다.

본문의 말처럼 사람을 관찰하는 것과 열어주고 보여주는 작용은 일정하지 않다. 오는 사람의 근기와 수준과 성향에 따라서 그 법을 쓰고 방편을 쓰는 것이 다르다. 본래 앞뒤가 없다. 보다 구체적인 내용은 시중示衆에서 설명이 있을 것이다.

임제 스님이 찾아오는 남자를 알아보는 데는 예쁘고 추하고 잘나고 못나고를 가려내는 것이 마치 거울과 같다. 남자가 오면 남자를 비추고 여자가 오면 여자를 비춘다. 서양 사람, 동양 사람을 너무도 밝게 잘 비춘다. 머리카락 하나 빠뜨리지 않고 소소영령하게 비춰내듯이 오는 사람들을 소상하게 살핀다. 근기와 수준과 그 마음 씀씀이를 알아보는 것이 이렇게 거울 같다.

때로는 텅 빈 골짜기에 메아리가 울리듯, 가 닿는 데도 없이 공허하기 이를 데 없다. 물에 비친 달그림자 같다. 크게 치면 크게 울리고, 작게 치면 작게 울리는 종소리 같다.

상당上堂

해설 _『임제록』에 실려 있는 내용을 그 형식에 맞추어 분류하면 서문序文 · 상당上堂 · 시중示衆 · 감변勘辨 · 행록行錄 · 탑기塔記 이렇게 여섯 종류가 된다.

상당이란 선지식이 특정한 날에 법상에 높이 올라 설법하는 것을 말한다. 결제나 해제나 그 외의 의미 있는 날에 총림에서 행해진다. 그러므로 법문의 내용도 가장 격이 높다. 시중이나 만참晚參, 소참小參 같은 경우의 법문은 대종장이 행한 법문이라도 상당법어와는 그 격이 다르다. 법상에 높이 올라가서 법문을 할 때는 상당법문이 되므로 반드시 상당법문답게 종지宗旨 · 종풍宗風을 거량해야한다.

전쟁의 시작

하북부의 부주 왕상시가 여러 관료들과 더불어 임제 스님께 법상에 오르시기를 청하니 스님이 법상에 올라 말씀하셨다.

"산승이 오늘 어쩔 수 없이 인정에 따라서 겨우 이 자리에 올랐으나 만일 조사들이 면면히 이어온 전통에 입각하여 큰일을 드날려 본다면 곧바로 입을 열 수가 없다. 또한, 그대들이 발붙일 곳도 없다. 그런데 산승에게 오늘 왕상시가 간곡히 청하니 어찌 근본 종지를 숨길 수 있겠는가? 여기에 이름난 장군[作家]이 있다면 곧바로 진을 펼치고 깃발을 열어서 대중들에게 그 증거를 보여라."

해설 _ 먼저 글의 단락을 나눈 것은 뜻을 더욱 잘 파악하고자 임의로 나눈 것이다. 매 단락마다 담긴 뜻을 요약해서 그 제목을 붙인 것도 이해에 도움을 주고자 한 것이다. 그러나 오히려 다른 길로 흐르게 하지는 않았는가 해서 좀 염려가 된다.

부주는 하북부의 지방 장관이다. 우리나라로 치면 도지사 정도에 해당한다. 상시常侍라는 말도 관직의 이름으로서 항상 왕의 좌우에 있으면서 국사를 의논하는 직책이다. 부주이면서 상시라는 벼슬을 지낸 사람이니 외호外護인연으로서는 법을 펴기에 손색이 없다. 자고로 선지식이 한 지역에서 법을 펴는 데는 외호인연뿐만 아니라 토지인연, 납자인연, 단월인연, 도道인연이 있어야 한다고 했다. 임제 스님은 이 왕상시로 인해서 당신의 법을 펴는 데 아무런 어려움이 없게 되었다.

법이란 언어나 사량으로 표현할 일이 아니다. 언어로 표현하는 것이 부처님이나 조사님의 본마음은 더욱 아니다. 하지만, 간청하는 사람이 있을 때는 좀 흠이 되는 부담을 안고라도 어쩔 수 없이 언어로 거량할 수밖에 없는 일이다. 마치 굽은 화살로도 원숭이를 쏘아 맞히는 일이 있을 수 있다. 그렇더라도 내가 먼저 뭐라고 말할 수는 없는 일이다. 특히 일대사인연을 거론함에 있어서는 스승도 입을 열 수가 없고 학인도 발붙일 곳이 없다. 더구나 임제록의 안목은 언어도단하고 심행처멸한 자리다.

그 모든 것을 감안하고라도 혹 이 자리에 법의 깃발을 세우고 종풍을 드날릴 자신이 있는 사람이 있거든 어디 한 번 나와서 진을 펼치고 깃발을 열어서 그 솜씨를 보여라. 목숨을 걸고 한바탕 겨뤄보자. 당시의 사회적 분위기에 걸맞은 전쟁의 용어를 써서 법거량을 하고자 한다. 매우 살벌하고 긴장감이 도는 분위기다. 그러나 당시로써는 퍽 생동감이 넘치는 표현이었다.

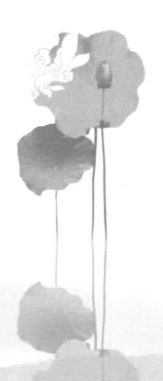

불교의 대의

한 스님이 물었다.

"무엇이 불교의 대의입니까?"

임제 스님이 곧 "할!"을 하시니, 그 스님이 절을 하였다.

임제 스님이 말씀하셨다.

"이 스님과는 법담法談을 나눌 만하구나."

해설 _ 청천백일에 천둥 치고 번개 치는 일이다. 임제 장군의 막하에 목숨을 담보로 녹슨 칼을 비껴들고, 하늘을 덮는 기개로 바람을 몰아가며 뛰어나온 장수가 있다. 관우인가, 장비인가, 조자룡인가?

불교의 대의가 무엇인가? '할'이다. 참 간단하다. 일도필살一刀必殺의 검법이다. 혹자는 이 '할'을 부처와 부처끼리 통할 일이지 범부가 측량할 바가 아니라고 말한다. 하지만, 사실 그렇게 복잡할 까닭은 하나도 없는 것이 불교다. 질문을 하고, 그 질문을 듣고, 들은 사실에 대해서 즉시 반응하는 이 사실이다. 여기에는 처음도 끝도 오직 활발발活潑潑한 사람이 있을 뿐이다. 사람이 불법이기 때문에 이렇게 살아있는 사람이 있음을 보여준 것이다. 한 번의 '할' 소리에 육종 십팔상六種 十八相으로 진동하였다. 삼신三身과 사지四智와 팔해탈八解脫 · 육신통六神通이 이 '할'에 다 있다.

얼마나 많은 사람들이 이 불법대의에 목숨을 걸었던가? 또 얼마나 많은 사람들이 이 불법대의에 인생을 걸었던가? 한량없는 세월동안 인생을 걸고 목숨을 버린 일이 무량 무수 아승지일 것이다. 세존의 6년 고행도, 달마의 9년 면벽도 모두가 이 불법대의 때문이었다. '할'이라는 그 한마디, 그렇게 간단한 것을 위하여.

임제할, 덕산방이라 하여 임제 스님의 불법가풍을 흔히 '할'로 설명하는 연유가 여기에 있다. 임제 스님이 교화를 편 이후부터 오직 '할'과 '방'으로 학인들에게 보였다. 그래서 내방하는 사람이 문에 들어오기가 바쁘게 곧바로 '할'을 하였다.

어느 비구니 스님들의 선원에서 여름 안거를 마치던 날이었다. 차를 마시면서 입승 스님이 여름 한철을 공부한 소감을 물었다. 구참舊參 스님들부터 돌아가면서 이런저런 소감들을 이야기하다가 탁자 밑에 앉아있는 어느 초심자의 차례가 되었다. 그 스님 왈, "나는 '할'이요." 하고 기어들어가는 목소리로 겨우 말했다. 순간 큰 방이 온통 박장대소하는 웃음바다가 되었었단다. 연필 깎는 주머니칼을 들고 그 무서운 싸움터에 나온 것이다. 그 이야기가 얼마나 오랫동안 즐거운 공양이 되었는지 모른다. 그도 또한 불법의 대의를 아는 사람이리라.

　임제 스님의 법을 전해 받은 법손들은 최소한 이렇다. 스님들의 법
문에는 으레 '할' 이 따른다. 심지어 한 생애의 영결을 고하는 장례식
장에서도 '할' 이 난무한다. '할' 을 하고 싶어서 몸살이 난 것이다. 불
교의 대의이기 때문이다. 임제 스님의 흉내를 낸다 하더라도 너무 심
할 정도이다.

세 번 묻고 세 번 맞았다

스님이 물었다.

"선사께서는 누구 집의 노래를 부르며 어느 분의 종풍을 이었습니까?"

임제 스님이 말씀하셨다.

"나는 황벽 스님 처소에서 세 번 묻고 세 번 얻어맞았다."

그 스님이 우물쭈물 머뭇거리자 임제 스님이 "할!"을 하고 뒤이어 내리치며 말하였다.

"허공에 말뚝을 박을 수는 없느니라."

해설 _ 임제 스님은 황벽 스님의 법을 이었다. 황벽 스님은 백장百丈, 749~814 스님의 법을 이었고, 백장 스님은 마조馬祖, 709~788 스님의 법을 이었다. 마조 스님은 남악南嶽, 677~744 스님의 법을 이었고, 남악 스님은 육조혜능638~713 대사의 법을 이었다.

이렇게 설명해야 할 것이지만 "나는 황벽 스님 처소에서 세 번 묻고 세 번 얻어맞았다."라고 하여 자신의 전법내력을 여운이 있고 의미심장하게 밝혔다.

불법佛法이니 종풍宗風이니 하는 것이 무엇인가? 임제 스님이 황벽 스님에게 가서 불법의 대의를 물었는데 황벽 스님이 다짜고짜 20대의 몽둥이로 임제를 후려쳤다. 그렇게 간단히 불법을 열어주고, 보여주고, 깨닫게 해주고, 불법 속으로 들어가게 해 주었다. 이렇게 하기를 세 차례나 묻고, 세 차례나 얻어맞았다. 이것이 그 유명한 삼도발문三度發問 삼도피타三度被打인 것이다. 스승이 할 수 있는 것은 다 하였고, 제자가 받을 수 있는 것은 다 받았다.

세 번 묻고 세 번 맞은 것이 황벽의 불법이며 또한 임제의 불법인 것이다. 따라서 부처님의 불법이며, 역대 조사들과 천하 노화상들의 불법인 것이다. 묻고 때리는 이 사실 위에 성성역력惺惺歷歷하고 역력고명歷歷孤明한 무위진인無位眞人이 밝은 대낮에 여기 이렇게 빨가벗고 춤을 춘다.

"허공에 말뚝을 박을 수는 없느니라."

그렇다. 소도 비빌 언덕이 있어야 한다. 끈이 짧으면 깊은 우물에는 닿을 수가 없다. 이렇게 천하 사람들을 모아놓고 불법을 드날리는 것은 명명백백한 근본뿌리가 있고, 금강보검이 있고, 빼어난 솜씨가 있기 때문이다. 근본도 없는 사람이, 그리고 제대로 된 실력도 없으면서 판을 벌일 수 있겠는가? 언제 어디에서 독화살이 날아와 명줄을 끊어

놓을지 모르지 않는가? 이런 이야기가 맞는다면 맞는 말이지만, 사실
이 집안의 진짜 종풍은 허공에다 말뚝을 박는 일이다.

입을 열면 벌써 틀린다

임제 스님이 다시 말했다.

"오늘의 법회는 일대사一大事를 위한 것이니 다시 묻고 싶은 사람이 있으면 빨리 물어라. 그대들이 막 입을 열면 일대사와는 벌써 교섭할 수 없게 된다. 왜 그럴까? 보지 못했는가. 세존이 말씀하시기를 '법은 문자를 떠났으며 인因에도 속하지 않고 연緣에도 있지 않다.'라고 하셨기 때문이다. 그대들의 믿음이 모자라는 까닭에 오늘 이렇게 어지러이 갈등을 하는 것이다. 왕상시와 여러 관원들을 꽉 막히게 하고 불성을 어둡게 할까 염려된다. 물러가는 것이 차라리 낫겠다."하시며, "할!"을 한 번 하시고는 말했다.

"믿음의 뿌리가 적은 사람들은 마침내 일대사의 일을 마칠 날이 없다. 오래 서 있었으니 편히 쉬어라."

해설 _ 오늘의 법회는 일대사를 밝히기 위해서 열린 것이다. 일대사란 다른 말로 하면 인생의 실상이요, 제법의 실상이며, 우주와 생명의 실상이다. 그러나 일대사란 무어라고 입을 여는 순간 벌써 틀려버린다. 왜냐하면, 부처님이 말씀하셨듯이 법法이란, 즉 일대사란 원인이 있고 결과가 있어서 만들어진 것이 아니다. 수행을 쌓아서 성취하는 물건이 아니다. 참선을 하고 염불을 하고 간경을 해서 얻어지는 것이 아니다. 고행을 하고 6바라밀을 닦아서 얻어지는 물건이 아니다. 본래로 있는 것이다. 불생불멸不生不滅한 것이며 부증불감不增不減한 것이다. 본래 여여如如한 것이다. 이렇게 보고, 듣고, 알고, 느끼고 하는 이 사실이다.

여기에서 무엇이 모자라는가? 완전무결하다. 이러한 사실을 모르는, 또 이러한 이치를 듣고도 믿지 못하는 사람들 때문에 오늘처럼 이렇게 갈등하는 것이다. 다시 한 번 말하지만, 본래 아무 일이 없는 이 이치에 대하여 믿음이 부족한 사람들은 이 일대사를 마칠 날이 없다. 법회 서두에 불교의 대의를 물었을 때 임제 스님은 '할'로써 대답하셨다. 굳이 일대사를 표현하라면 나도 '할'이다.

정안正眼이란?

임제 스님이 어느 날 하북부에 갔더니 부주 왕상시가 스님을 청해서 법좌에 오르게 했다. 그때에 마곡 스님이 나와서 물었다.

"대비보살의 천수천안 중에서 어느 것이 바른 눈입니까?"

임제 스님이 말했다.

"대비보살의 천수천안 중에서 어느 것이 바른 눈인가, 빨리 말하라!"

그러자 마곡 스님이 임제 스님을 법좌에서 끌어내리고 마곡 스님이 대신 법좌에 올라앉았다.

임제 스님은 마곡 스님 앞으로 가까이 가서 "안녕하십니까?"라고 하니, 마곡 스님이 어리둥절하여 머뭇거렸다. 임제 스님도 또한 마곡 스님을 법좌에서 끌어내리고 다시 그 자리

에 앉았다. 마곡 스님은 곧바로 밖으로 나가 버렸다. 그러자
임제 스님도 곧 법좌에서 내려왔다.

해설 _ 관세음보살의 천수천안 중에 어느 것이 정안正眼인
가? 하고 물었는데 임제 스님은 똑같은 질문으로 대답하였다. 관음보
살에게는 천수천안뿐만 아니다. 천 손·만 손, 팔만 사천 모다라 손이
있고, 천 눈·만 눈, 팔만 사천 모다라 눈이 있다. 몇 개의 눈이 있든지
관계없이 이와 같은 형식의 법담은 조사 스님들에게 자주 보인다. 『능
엄경』에도 있다. 설법제일의 부루나가 "청정본연淸淨本然한데 어떻게
해서 홀연히 산하대지山河大地가 생겼습니까?"라고 물으니 부처님은
똑같이 "청정본연한데 어떻게 해서 홀연히 산하대지가 생겼는가?"라
고 되묻는다.

임제 스님과 마곡 스님이 천수천안의 질문을 주고받은 것과, 법좌에
서 끌어내리는 일을 주고받은 것과, 세존과 부루나가 똑같은 말로 법
담을 주고받은 것을 한데 묶어서 저 삼계三界 밖으로 던져버리고 싶다.
비록 그것을 부처와 부처의 경계요, 조사와 조사들이 주인과 손님을
서로 바꿔가며 상즉상입相卽相入의 무애자재한 경지를 보여준 것이라
하더라도……

천 개의 눈은 그만두고 그대의 한 개의 눈은 어떤가? 이렇게 환하게
보고 있으니 어찌하겠는가? 똑똑히 듣고 있으니 어찌하겠는가? 그래
서 청정본연하지 않은가? 청정본연하니까 산하대지가 이렇게 있지 않
은가?

마곡 스님이 밖으로 나가버린 것이나, 임제 스님이 바로 법좌에서 내려온 것은 생생하게 살아있는 진정한 정안을 보여준 멋진 마무리라고 하겠다. 두 사람이 합작으로 엮어낸 빼어난 법문이다. 선가에서는 그것을 빈주호환賓主互換이라고 한다.

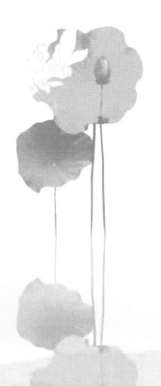

무위진인無位眞人

법상에 올라 말씀하셨다.

"붉은 몸뚱이에 한 사람의 무위진인無位眞人이 있다. 항상 그대들의 얼굴을 통해서 출입한다. 아직 증거를 잡지 못한 사람들은 잘 살펴보아라."

그때에 한 스님이 나와서 물었다.

"어떤 것이 무위진인無位眞人입니까?"

임제 스님이 법상에서 내려와서 그의 멱살을 꽉 움켜잡고

"말해봐라, 어떤 것이 무위진인인가?"

그 스님이 머뭇거리자 임제 스님은 그를 밀쳐버리며 말했다.

"무위진인이 이 무슨 마른 똥 막대기인가."라고 하시고는 곧 방장실로 돌아가 버렸다.

해 설 _ 『임제록』에서 한 구절만 택하라면 바로 이 무위진인이다. 불교는 달리 표현하면 대해탈大解脫, 대자유大自由를 구가하는 종교다. 그 대자유, 대해탈을 어디서 찾을 것인가? 바로 이 무위진인이답이다. 이는 문자나 이론으로 이해되는 것이 아니다. 수행하고 증득하는 것도 해당되지 않는다. 무위진인은 이 육신을 근거로 해서 존재하는 사람이다. 남녀노소와 동서남북과 재산이 있고 없고, 지위가 있고 없는 것에 아무 차별 없이 동등하게 존재하는 사람이다. 차별이 있는 사람은 가짜사람이다. 차별이 없는 사람은 참사람이다[차별 없는 참사람]. 무위진인은 사람의 얼굴을 통해서 출입한다. 웃기도 하고, 울기도 하고, 보고 듣고, 느끼고 알고 하면서. 또 손과 발을 통해서도 출입한다. 그리고 이 사람의 값은 백두산 백만 개만 한 크기의 다이아몬드 값보다도 억만 배 더 나간다.

그렇게 얼굴을 통해서 출입하는 모습이 분명하고 확실하건만 스스로는 잘 알지 못한다. 그래서 한 스님이 새삼스럽게 "무위진인이 무엇입니까?" 하고 물은 것이다. 자신이 무위진인이면서 달리 무위진인을 찾은 것이다. 종로에 서서 "서울이 어디입니까?" 하고 묻는 것이다. 안타깝다. 그래서 임제 스님은 "너 무위진인아, 어디 한번 대답해 봐라!" 무위진인은 무위진인만이 알 수 있으니까. 한데 어찌 된 일인지 무위진인은 대답이 없다. 똥 막대기 같은 무위진인을 뒤로 하고 방장실로 돌아가는 것으로써 임제 스님은 대해탈, 대자유의 무위진인을 잘 보여주었다.

이 무위진인 말고 어디서 대해탈을 누릴 것인가? 어디서 대자유를 누릴 것인가? 불교는 이렇게 명료하다. 명명백백, 소소영령 그 자체다. 너무 밝아서 눈이 부신다. 마치 천 개의 태양이 동시에 떠있는 듯하다. 지금 보고 듣고 하는 이 사실이다.

임제일구치천금臨濟一句置千金.『임제록』의 이 한 구절의 법문이 천금의 값을 한다. 아니 어찌 천금으로 그 값을 대신하겠는가! 만고에 빼어난 말씀이다.

어느 해(1971년) 겨울철 봉암사에서 서옹 스님이『임제록』을 강설하시면서 들려준 말씀이 있다. 일본의 어느 유명한 선사는 전쟁을 맞아 원자폭탄으로 일본열도가 불에 탈 때 "일본이 다 타도 이『임제록』한 권만 남아있으면 된다."라고 하였단다. 필자는 이 한마디로써 일본에 사람이 있음을 믿는다. 그래서 일본을 얕보지 않는다.『임제록』을 알아보는 사람이 있는데 어찌 얕볼 수 있겠는가. 나는 도반의 절을 방문했을 때 그의 방에 '무위진인無位眞人'이나 '수처작주隨處作主'라는 족자가 하나라도 걸려 있으면 그 도반을 달리 본다. 더 친해지고 존경하게 된다. 글씨야 졸필이든 말든 관계없다.

할, 할, 할

임제 스님이 법상에 오르니 한 스님이 나와서 절을 하였다.

임제 스님이 곧바로 "할"을 하였다.

그 스님이 말했다.

"노화상께서는 사람을 떠보지 마십시오."

임제 스님이 말씀하셨다.

"네가 말해 보아라. '할'의 의도가 무엇인가?"

그 스님이 곧바로 "할"을 했다.

또 어떤 스님이 물었다.

"어떤 것이 불법의 큰 뜻입니까?"

임제 스님이 문득 "할"을 하니, 그 스님은 예배를 하였다.

임제 스님이 말씀하셨다.

"네가 한번 말해봐. 이 할이 훌륭한 할인가."

그 스님이 말했다.

"초야의 도적[草賊]이 크게 패했습니다."

임제 스님이 말씀하셨다.

"무엇을 잘못했는가?"

그 스님이 말했다.

"두 번 잘못은 용서하지 않습니다."

임제 스님이 곧바로 "할"을 했다.

해설 _ 임제 스님은 역시 '할'이다. 예배를 드려도 '할'이 요. 불교를 물어도 '할'이다. 나에게서 불교[無位眞人]외에 다른 것은 찾지 말라는 뜻이다. 우리가 만나 불법 외에 주고 받을 일이 무엇이 또 있겠는가?

호사가들은 '할'에도 사람을 떠보는 '할'과 법을 바로 보이는 '할'과 상대를 제압하는 '할' 등등을 말한다. 여기 이 스님도 '할'의 진정한 뜻을 모르므로 "노화상께서는 사람을 떠보지 마십시오."라고 하였다. 그래서 임제 스님은 "그렇다면 '할'의 낙처가 어디에 있는가를 말해보라."고 하셨다. 그가 곧바로 '할'로 답한 것은 잘한 일이다.

곧 이어서 또 한 스님이 나와 불교의 대의를 물었다. 임제 스님은 또 '할'로 답하셨다. 그 스님은 '할'에 대한 대응을 예배로 했는데, 임제 스님은 "이 '할'이 훌륭한 할인가." 하니까 이 스님은 임제 스님을 초야의 도적으로 몰아놓고 초야의 도적이 크게 패하였다고 하였다. 임제 스님의 "이 '할'이 훌륭한 할인가."라는 말은 잘못되었다는 지적이다. 그랬더니 임제 스님은 그의 뜻을 받아들여서 "내가 무엇을 잘못했는가?" 라고 하였다. 그는 선문답에서 말이 달릴 때 잘 쓰는 "두 번 잘못은 용서하지 않습니다." 라고 하였고, 임제 스님은 역시 '할' 로써 마무리를 지었다.

'할' 도 실은 부득이해서 하는 일이다. 그러나 도道를 표현하고, 법法을 표현하고, 불교를 표현하고, 사람의 삶을 표현하는 가장 간단명료한 방법이다. 불교는 이렇게 간단명료하다. 먼지 하나 붙지 않은 자리다. 이 '할' 에 무슨 이론이나 수행이나 깨달음이 붙을 수 있겠는가. 본래로 불교공부란 문자와 이론을 내세우지 않는다. 생각하고 분별하는 것도 필요로 하지 않는다. 수행하고 증득하고 깨닫고 하는 것과 전혀 관계없는 것으로써 으뜸을 삼고 최상으로 여기기 때문이다.

불교의 대의가 무엇인가?

법상에 오르자, 한 스님이 물었다.

"무엇이 불교의 대의입니까?"

임제 스님이 벌레를 쫓는 불자拂子를 세워 들었다. 그러자 그 스님이 곧 '할'을 하니, 임제 스님이 바로 후려쳤다.

또 다른 스님이 물었다.

"무엇이 불교의 대의입니까?"

임제 스님이 또 불자拂子를 세워 들자, 그 스님도 곧 '할'을 하였다.

임제 스님이 또 '할'을 하니 그 스님이 머뭇거리자 임제 스님이 곧 후려쳤다.

해 설 _ 이 대목에 대해서 함부로 주각을 달거나 설명을 하지 말라는 엄명이 있다. 하지만, 필자는 말하고 싶다.

『임제록』은 불법의 대의에 잠 못 이루는 사람들을 위한 책이다. 인생의 진정한 의미를 찾으려 몸살이 난 사람들을 위한 가르침이다. 그러므로 불법에 대해서, 인생에 대해서 관심이 없는 사람들은 읽어도 무슨 말인지 모를 것이다. 불교의 대의는 실로 모든 사람들의 영원한 화두話頭다. 불교를 공부하는 사람들의 천형天刑이다. '진정한 불교가 무엇일까? 도道란 무엇이며 진리란 무엇일까? 인생의 실상은 무엇일까?' 하는 이러한 문제의식이야말로 사람을 사람답게 하는 길이다.

헌데 여기에 너무나 쉽고 간단한 답이 있다. 사람의 사는 모습 그대로가 불교이고 진리이며 도다. 그 사람 그대로가 불교인데 다시 물으니, 무어라고 일러줄 수밖에 없다. 가장 쉽고 간단명료하게 열어 보여 주고, 깨닫게 해 주고, 그 속에 들어가게 한 것이다. 그래서 매일매일 행복하게 하였다[日日是好日].

임제 스님은 누구보다도 친절하고 자비스러운 분이다. 그런데 왜 불교를 어렵게 설명하겠는가? 가장 알아듣기 쉽고 바르게 가르쳐 주는 분이다. 지혜와 자비가 충만하고 그 가르침이 가장 뛰어난 분이다. 그래서 불교 역사상 가장 큰 선지식이다. 임제 스님 이후에는 모든 조사들과 노화상들과 선지식들이 다 임제 스님의 법을 이었노라고 자랑하고 있다. 임제 스님의 후손이 아니면 명함을 내밀지 못한다. 사찰마다 즐비한 비문碑文들이 그를 증명한다.

그 간단명료하고, 쉽고, 바른 가르침이 여기에 있다. "불교가 무엇입니까?"라고 하는 질문에, 늘 앉은 자리 가까이에 두어 먼지도 털고 벌레도 쓸어내는 도구인 불자를 들어 보인 것이다. 세존은 영산회상에서 꽃을 들어 보이셨는데 임제는 불자를 들어 보였다. 나는 안경이 늘 가까이 있으니 안경을 들어 보였을 것이다.

보여주면 알겠는가? 들려주면 알겠는가? 때려주면 알겠는가? 그래서 불자를 들어 보여도 주고, '할'을 하여 들려도 주고, 때로는 주먹으로, 때로는 몽둥이로 때려주기도 하였다. 그렇게 노파심으로 모든 정성을 다 쏟아서 열어주고[開], 보여주고[示], 깨닫게 해주고[悟], 들어가서[入] 노닐게 해 주었다.

말이 난 김에 불자拂子에 대해서는 확실한 이야기를 해 두고 싶다. 부처님께서 어느 날 광엄성廣嚴城의 미후지獼猴池라는 못 옆에 있는 고각당高閣堂에 계셨다. 여러 비구가 모기와 온갖 벌레들의 침입을 받았다. 상처난 곳에 붙어서 쏘고 피를 빨아 먹으므로 가려워서 견딜 수가 없었다. 부처님께 말씀드렸더니 부처님은 여러 비구에게 모기나 벌레를 떨어내는 도구를 소유해도 된다는 허락을 하셨다. 그래서 그 후부터는 비구들이 떨이개[拂子]를 갖게 되었다. 이것이 뒷날 법을 쓰는 도구로도 사용하게 된 것이다.

고봉 정상과 네거리

임제 스님이 법상에 올라 말씀하셨다.

"한 사람은 고봉 정상에 있어서 몸이 더 나아갈 길이 없고, 한 사람은 네거리에 있으면서 또한 앞뒤 어디든 갈 수가 없다. 어떤 사람이 앞에 있고 어떤 사람이 뒤에 있는가[누가 더 나은 개]? 유마힐도 되지 말고 부대사도 되지 말라. 편히 쉬어라."

해설 _ 말이 있는 것이 옳은가? 말이 없는 것이 옳은가? 길거리만을 지킬 일도 아니고 봉우리만을 지킬 일도 아니다. 쉽게 풀이하면, '높고 높은 봉우리에서 더 이상 나아갈 데가 없는 사람과 어디든 갈 수 있는 네거리에 있으면서 어느 곳으로도 가지 못하는 사람과 누가 더 나은 사람인가?' 라는 말이다. 고봉 정상에서 나아가지 못하는 것은 알겠는데 네거리에서 오도 가도 못한다는 것은 무슨 뜻인가?

사실은 바꿔 해석하면 오도 가도 못하는 것이 아니라 어디든지 다 갈 수 있다는 뜻이다.

교학에 전간문全揀門 전수문全收門이라는 것이 있다. 일체를 부정하는 길과 일체를 긍정하는 길이다. 고봉 정상은 일체를 부정하는 입장이고, 네거리는 일체를 긍정하는 입장이다. 공空과 유有의 경우다. 공이든 유든 모두가 치우친 견해다. 변견邊見이며 편견이다. 그래서 한 걸음도 나아갈 수가 없다. 도가 아니다. 중도中道가 아니다. 불교가 아니다. 진정한 삶의 길이 아니다. 둘 다 틀린 것이다. 거기서 더 나은 사람을 묻는 것은 장난이다. 덫이다.

유마 대사는 유마경에서 불이不二법문을 말이 없음으로 표현하여 문수보살을 놀라게 했다. 그래서 말이 없음[杜口]으로써 그를 표방하고 있다. 그는 전간문의 삶이다.

그러나 부대사傅大士, 497~569는 그와 반대의 입장이다. 설법을 많이 한 분이다. 그래서 사방에서 수행자들이 몰려들었다. 왕궁에도 출입하며 법을 설했다. 저서도 있다. 남달리 전법 활동을 많이 하여 다 수용하면서 살았다. 그는 전수문의 삶이다.

임제 스님은 경고한다. "유마힐도 되지 말고 부대사도 되지 말라." 하지만, 임제 스님의 말에 토를 단다면 왈, "유마힐도 되고 부대사도 되어라." 임제 스님은 쌍차雙遮로 보이고, 필자는 쌍조雙照로 보였다. 그래서 결국은 차조동시遮照同時가 된다. 하지만, 이런 말을 독자들은 알아듣기 쉬울지 모르나 여운이 없다. 역시 임제 스님의 말씀으로 끝나야 한다.

집안과 길거리

임제스님이 법상에 올라 말씀하셨다.

"한 사람은 영원히 길에 있으면서도 집을 떠나지 않고, 한 사람은 집을 떠나 있으나 길에도 있지 않다. 어느 쪽이 최상의 공양[人天供養]을 받을 만한가?"

하시고는 곧바로 법상에서 내려오셨다.

해설 _ 앞에서는 치우친 견해를 들추어 그 잘못을 지적하고 이면으로는 바른길을 제시하였다. 이 단락에서는 보다 조화로운 경우를 말하고 있으나 실은 앞의 사람은 전수문全愛門의 삶이고, 뒤의 사람은 전간문全揀門의 삶이다. 긍정과 부정의 관계다.

본문을 달리 표현하면, '예컨대 한 사람은 언제나 바깥에 있으면서 집안을 한 번도 잊은 적이 없다. 또 한 사람은 집에 있지 않고 밖에도

있지 않다.' 라고 할 수 있다. 두 사람의 경우가 실은 말은 달라도 그 뜻
은 같다. 이理와 사事, 이 두 면을 어느 것 하나도 놓치지 않고 모두 잘
처리하는 사람의 경우에는 그렇다 치고, 이와 사 어느 것도 관계하지
않는 사람의 경우가 쉽게 떠오르지 않는다. 그러나 이와 사를 한 가지
도 관계하지 않는다면 그는 어디에 있을까. 무엇을 할까? 실은 이와 사
에서 어느 면에서도 그와 같이 물들고 집착하지 않은 자세[中道]가 되어
야 비로소 조화를 이룰 수 있다는 뜻이다. 이것은 깨달은 사람들의 설
법 원칙인 중도[中道]를 기준으로 하여 해석한 것이다.

　본래 이 내용의 원형은 이렇다. 문수는 언제나 집안일[理. 智]을 담당
하지만 바깥일[事. 行]에도 어둡지 않고 보현은 언제나 바깥일을 담당
하지만, 집안일에도 어둡지 않다. 좌와 우, 아내와 남편, 이판과 사판,
국민과 정치인, 동양과 서양, 물질과 정신 등등 모든 상대적인 관계의
아름다운 조화[中道]를 뜻한다. 역사상 가장 이상적인 인격자를 부처
님이라고 할 때 그를 문수와 보현의 조화를 뜻하기도 한다.

삼구三句

임제 스님이 법상에 오르자 한 스님이 물었다.

"어떤 것이 제일구입니까?"

임제 스님이 말씀하셨다.

"삼요三要의 도장[印]을 찍었으나 붉은 글씨는 그 간격이 좁아서 숨어 있으니, 주객이 나누어지려는 것을 용납하지 않는다."

그 스님이 또 물었다.

"어떤 것이 제이구입니까?"

임제 스님이 말씀하셨다.

"묘해[문수]가 어찌 무착 선사의 물음을 용납하겠는가마는 방편상 어찌 뛰어난 근기[무착]를 저버릴 수 있으랴!"

그 스님이 또 물었다.

"어떤 것이 제삼구입니까?"

임제 스님이 말씀하셨다.

"무대 위의 꼭두각시 조종하는 것을 잘 보아라. 밀었다 당겼다 하는 것이 모두 그 속에 사람이 있어서 하는 것이다."

🏮 해설 _ 이 삼구 법문에 대한 이야기는 매우 구구하다. 우선 임제 스님이 직접 말씀하신 삼구에 대한 설명을 잘 이해하면 구구한 여러 가지의 이야기들을 쉽게 이해할 수 있으리라 믿는다.

제일구第一句[제일의 소식, 제일의 도리]는, 여기에 삼요라는 도장[제대로 갖춘 진리의 도장, 제법실상의 도장]이 하나 있다. 그 도장을 찍었을 때 찍은 도장이 종이에서 떨어지기 직전이라 붉은 글씨가 나타나지 않았다. 주관에 해당하는 도장과 객관에 해당하는 붉은 글씨가 아직 나뉘기 전이다. "주객이 나뉘는 것을 용납하지 않는다."라는 말이 그 뜻이다.

다시 말해 주관과 객관이 나뉘기 이전의 소식이다. 음양 이전의 태극이나 무극의 경지라고 보면 쉽다. 그러나 무극이나 태극송에는 이미 음과 양이 잠재되어 있다. 주객이 나뉘기 전에도 주객은 이미 잠재되어 있기는 하다. 한 생각이 일어나기 이전[一念不生]의 소식이다. 무생無生의 경지다. 마치 '도장을 허공에다 찍은 것과 같다.' 라고도 표현한다. 한순간도 흔적이라곤 찾아볼 수 없다. 본래 그대로 여여한 자리다. 부처니, 보살이니, 조사니, 성인이니, 범부니, 중생이니, 보리니, 열반이니 하는 소리가 아이들의 동화처럼 들리는 경지다. 그래서 제일구의 소식을 알면 부처님과 조사의 스승이 된다고도 했다. 또 조사선祖師禪

의 경지라고 설명하기도 했다.

제이구第二句[제이의 소식, 제이의 도리]는, 무착 선사가 오대산의 문수보살을 친견하러 장안에서 오대산까지 일보일배一步一拜를 하면서 정성을 다해 갔다. 오대산 입구에서 한 거지 노인의 모습을 한 문수보살을 만나 대화를 나눈 것이 벽암록 35칙에도 보인다. 이러한 이야기의 사실 여부를 생각할 필요는 없다. 불교에서는 대부분 뜻을 위해서 이야기를 만들어 내었다. 그러므로 그 이야기가 뜻하는 바를 알면 그뿐이다.

문수가 무착에게 물었다.

"어디서 오는가?"

"남방에서 옵니다."

"남방의 불교는 어떤가?"

"말세의 비구들이 계율이나 조금 지키며 삽니다."

"대중은 얼마나 되는가?"

"혹 3백 명, 혹 5백 명씩 모여 삽니다."

이번에는 무착이 문수에게 물었다.

"이곳에는 불교가 어떻습니까?"

"범부와 성인이 함께 살고, 용과 뱀이 뒤섞여 있느니라."

"대중은 얼마나 됩니까?"

"전삼삼후삼삼前三三後三三이니라."

문수보살이 무착의 그와 같이 선사답지 못한 질문을 받고 방편으로 일일이 대화를 받아준 것은 무착 선사 같은 그 정성스런 근기를 저버릴 수 없었기 때문이다.

주객이 나뉘긴 했으나 그렇게 흔적이 오래 남지는 않는다. 제이구의 경지를 "물에다 도장 찍은 것과 같다."라고 했다. 찍을 때 찍히는 것이 있으나 도장을 떼면 흔적이 없다. 허공에다 찍은 것과 비교해 보라. 또 제이구의 소식을 알면 세상 사람들의 스승이 된다고 했다. 여래선如來禪의 경지라고 설명하기도 한다.

제삼구第三句[제삼의 소식, 제삼의 도리]는, 꼭두각시나 인형을 움직일 때 잘 보면 모두가 무대 위에서 사람이 조종한다는 사실을 알 것이다. 인형으로 된 사람은 자신의 의지는 전혀 없다. 허수아비다. 사상事相과 경계와 상황들에 끌려다니는 삶이다. 불교라는 냄새가 전혀 나지 않는다. 수처작주, 즉 환경이나 대상이나 경계에 끌려다니지 말고 어디서나 주재자로 있으라는 가르침이 절실히 요구되는 경지다. 마치 도장을 진흙에다 찍은 것과 같다. 걸음걸음이 상相 투성이요, 흔적 투성이다.

허공에다 도장을 찍은 것과 물에다 찍은 것과 함께 비교해 보라. 제삼구의 뜻은 알아봐야 자기 자신도 구제할 수 없다고 하였다. 의리선義理禪의 경지라고 설명하기도 한다.

삼구를 경절문徑截門과 원돈문圓頓門과 염불문에 비교해 보아도 이해에 도움이 되리라. 삼구, 이구, 일구의 차원과는 멀리 벗어난 향상일구向上一句가 있다. 무엇이 향상일구인가? "할!"

삼현삼요 三玄三要

임제 스님이 또 말씀하셨다.

"한 구절의 말에 반드시 삼현문이 갖춰져 있고, 일현문에 반드시 삼요가 갖춰져 있어서 방편도 있고 작용도 있다. 그대들 모든 사람들은 이것을 어떻게 이해하는가?"하시고는 법상에서 내려오셨다.

해설 _ 진실한 자리에는 본래로 먼지 하나 두지 않는다. 그래서 공공적적하다. 이론이나 문자를 세우지도 않는다. 닦고 깨닫는 것도 인정하지 않는다. 하지만, 사람들의 근기를 섭수하고 교화 불사를 일으키는 마당에는 한 가지 법도 버리는 일이 없다. 그래서 좀 어수선하다. 이해하고 참아야 한다.

임제 스님은 삼현삼요에 대해서 위의 말씀 외에는 없었다. 그러나 여기에는 구구한 설명이 따라다닌다. 우선 "한마디 말에는 반드시 삼현문이 갖추어져 있다."라고 했는데 그 삼현이란 현중현玄中玄과 구중현句中玄과 체중현體中玄이다. 현중현은 말의 그 자체로서의 진실이다. 구중현은 말의 인식 위에 나타나는 진실이다. 체중현은 말의 실천 속에 나타나는 진실이다. 이러한 세 가지의 경우가 한마디의 말에 다 포함되어 있다는 뜻이다.

또 이러한 설명도 가능하다. 한마디 말에 공관空觀의 입장과 가관假觀의 입장과 중도관中道觀의 입장이 있다. 진제眞諦, 속제俗諦, 중도제일의제中道第一義諦도 있을 수 있다. 한마디 말에서만 그런 것이 아니다. 모든 존재, 모든 사물이 다 가능하다. 가능한 것이 아니라 그렇게 세 가지로 현묘하고 유현하게 볼 수 있다. 특히 사람을 만났을 때 또는 제자들을 훈도할 때 말의 활용을 나타낸 것이다. 법문의 깊고 얕음을 의미하는 것은 아니다.

일현문一玄門에 반드시 삼요三要가 갖춰져 있다고 하는 삼요란 세 가지 중요한 것, 세 가지 요점, 즉 본질[體]과 현상[相]과 그 작용[用]이다. 이 본질과 현상과 작용이란 무슨 물건, 어떤 말에도 다 존재한다. 그러나 이것 역시 사람을 제접할 때 근기의 활용을 나타낸 것이다. 법문의 얕고 깊음을 의미하는 것은 아니다. 그래서 일구 중에 삼현문이 있고, 일구 중에 구요九要가 갖추어져 있다.

다시 모르는 말 한마디 더 한다. 제 일구를 운문종雲門宗으로 치면 다종다양한 부류의 근기들을 단칼에 다 잘라 버린다. 조동종曹洞宗으로 치면 바른 위치다. 그리고 소탕이다. 제 이구는 운문종으로 치면 하늘

과 땅을 다 덮어 버린다. 조동종으로 치면 치우친 지위다. 그리고 건립
이다. 제 삼구는 운문종으로 치면 파도를 따르고 물결을 쫓아간다. 조
동종으로 치면 모든 것을 함께한 가운데 이른 것이다.

　임제록에서 가장 까다롭다는 삼구와 삼현과 삼요다. 하지만, 순전히
엉터리다. 그렇다면, 엉터리가 아닌 강설은 무엇인가? 이제 여러분도
다 아는 '할'이다. '할'을 하는 '나'다. 활발발한 무위진인이다. 오로
지 이 사실만 진실이다.

시중示衆

해설 _ 시중이란 '대중들에게 보이다. 대중들을 위하여 가르치고 훈시하다.'라는 뜻이다. 또 상당시중도 있다. 소참시중도 있고 대참시중도 있다. 그러나 여기에서 시중은 상당上堂과는 격을 좀 달리하고 있기 때문에 상당과 시중으로 나누어서 편찬하였다. 『임제록』의 예를 쉽게 설명하면, 형식도 상당은 반드시 법상에 높이 올라가서 한다. 시중은 책상을 놓고 의자에 앉아서 한다. 칠판에 판서도 해 가며 강설하듯이 하기도 한다.

그래서 법상에 올라가서 하는 법어는 극치의 법을 드러내어 드날리는, 종지를 거량하는 식이어야 한다. 대중들이 알아듣고 못 알아듣고는 크게 구애받지 않는다. 종사宗師가 당신의 법을 드날리면 그다음은 청중의 책임이다.

그러나 시중은 좀 더 친절하고 자세하게 풀어서 이야기하는 경우가 많다. 간혹 시중에도 상당법어 같은 법문이 있긴 하지만 대개는 친절하게 설명하여 일러준다. 청중이 이해를 못하면 설법자는 안타까워한다. 듣는 사람들의 근기에도 맞춰야 하므로 그만치 청중이 못 알아듣는 데 대한 책임도 있다. 성철 스님의 법어집 중에서 본지풍광本地風光은 상당에 해당하고 백일법문百日法門은 시중에 해당한다. 세존이 영산회상에서 꽃을 들어 보인 것은 상당법문이고, 경전을 설하신 것은 시중법문이라고 생각하면 이해가 될 것이다.

사료간四料揀

임제 스님이 저녁법문[晚參]에서 대중들에게 말씀하셨다.

"어느 때에 사람[주관]을 빼앗고[부정함], 경계[객관]를 빼앗지 않으며, 어느 때는 경계를 빼앗고 사람을 빼앗지 않으며, 어느 때는 사람과 경계를 함께 빼앗고, 어느 때는 사람과 경계를 모두 빼앗지 않는다."

해설 _ 만참이라는 저녁법문은 아침에 하는 조참早參과 시간에 구애 없이 자유로운 시간에 하는 소참小參과 같이 별다른 형식이 없다. 매우 간소하다. 그러나 진지하고 알차다. 아주 길게도 한다. 임제록의 중심이 되는 법문이다. 강의나 경전해설이 모두 여기에 해당한다.

사료간은 시중법문의 서론에 해당한다. 사료간이란, 사람들을 제접할 때 법을 쓰는 네 가지 방법이다. 전광석화 가운데서 일기일경一機一境을 드날리면 될 것을 무엇 때문에 이렇게 힘을 들여 헤아리고, 사량하고, 조작하고, 건립하는가? 평지에 풍파를 일으킨 격이다. 하지만, 부득이해서 자비를 베풀어서 펼쳐보인 것이다. 잘 살펴볼 일이다. 상당법어가 끝나고 시중법문에 들어가면서 여러 근기의 학인들을 제접하면서 전개될 몇 가지 경우들을 미리 말씀하신 것이다. 어쩌면 양해를 얻자는 뜻도 있다. 상당법어에서는 전광석화 속에서 바늘을 꿰지만, 시중에서는 촘촘한 그물을 드리워 크고 작은 고기들을 많이 건져야 하기 때문이다.

첫째는 선지식이 찾아오는 학인의 입장은 부정하고 모든 경계는 그대로 두면서 그를 깨우친다. 둘째는 경계는 부정하고 학인은 그대로 두면서 그를 깨우친다. 셋째는 학인도 경계도 다 부정해버리고 그를 깨우친다. 넷째는 학인도 경계도 다 인정하면서 그를 깨우친다. 아래에 일문일답이 있다.

그 때 한 스님이 물었다.

"어떤 것이 사람을 빼앗고 경계를 빼앗지 않는 것입니까?"

임제 스님이 말씀하셨다.

"봄날의 따스한 햇볕이 떠오르니 땅에 비단을 편 듯하고,

어린 아이의 늘어뜨린 머리카락은 명주실처럼 희구나."

스님이 또 물었다.

"어떤 것이 경계를 빼앗고 사람을 빼앗지 않는 것입니까?"

임제 스님이 말씀하셨다.

"왕의 명령이 이미 떨어지니 천하에 두루 시행되고, 변방을 지키는 장수는 전쟁할 일이 없어졌다."

그 스님이 또 물었다.

"어떤 것이 사람과 경계를 함께 빼앗는 것입니까?"

임제 스님이 말씀하셨다.

"병주幷州와 분주汾州는 소식을 끊고 각기 한 지방을 차지하였다."

스님이 또 물었다.

"어떤 것이 사람과 경계를 모두 빼앗지 않는 것입니까?"

임제 스님이 말씀하셨다.

"왕은 보배 궁전에 오르고 시골 노인은 태평가를 부른다."

해설 _ 첫째, 주관[자기 자신]을 부정하고 객관을 살리면, 다시 말해서 나를 완전히 비우고 상대를 모두 인정해 주면 세상은 더없이 아름답다. 아주 좋은 세상이다. 살 만한 세상이다. 사람과의 관계도 막 태어난 천진난만한 어린아이를 보는 듯하다. 거기에 무슨 시시비비가 있겠는가?

둘째, 남을 부정하고 나를 내세우면 일인독재一人獨裁다. 나라에는 임금 한 사람이 있고 절에도 주지 한 사람이 있다. 요즘은 그렇지 않지만, 요순시대에는 그것이 가장 이상적이었다. 그래서 왕의 명령 하나로 전쟁까지도 멈춘 상태다.

셋째, 너를 부정하고 나를 부정했을 때 너는 너고 나는 나다. 대통령은 대통령이고 국민은 국민이다. 각자 따로따로 유아독존이다. 그래서 변두리 지방에서는 중앙과 절교하고 딴살림을 가는 꼴이다. 조정의 명령도 따르지 않는다. 어떤 특별한 사람을 다스리는 데 꼭 나쁜 법은 아니다. 그러나 특수한 경우다.

넷째, 너도 인정하고 나도 인정하므로 각자가 각자의 위치에서 최선을 다하는 격이다. 그래서 왕은 궁중에서 정치를 잘하고, 백성은 백성대로 태평가를 부른다.

네 가지가 나름대로 다 일리가 있다. 어느 것 하나도 버릴 것이 없다. 경우에 따라서는 이것도 필요하고 저것도 필요하다. 그러므로 선지식이 사람을 제도할 때 근기와 상황에 맞춰서 법을 쓰는 표준이 된다. 명안 종사에게 지나치게 일구법문이나 방, 할 같은 것만을 기대할 것이 아니다. 만약 한결같이 최상승 법문만을 거량하면 법당 앞에 풀이 한 길이나 자랄 것이다. 아마도 고용을 해서 풀을 뽑아야 하리라. 그러나 요즘은 너무 지나치게 세속적인 대중들의 요구를 따르고 있다. 비불교적 요소가 너무 많다. 불교는 어디로 갔는지 모를 일이다. 너무 지나치다. 잘 살펴보고 반성해야 할 일이다.

생사에 젖지 않는다

임제 스님이 이어서 말씀하셨다.

"요즘 불교를 배우는 사람으로서 무엇보다 중요한 것은 참되고 바른 견해[眞正見解]를 구하는 일이다. 만약 참되고 바른 견해만 얻는다면 나고 죽음에 물들지 않고 가고 머무름에 자유로워 수승함을 구하지 않아도 수승함이 저절로 온다."

🏮 해설 _ 참되고 바른 견해는 임제 스님이 자주 강조하는 말씀이다. 간절하게 가슴 깊이 새겨주고 싶은 법문에 들어서면서 하신 첫 말씀이다. 가장 먼저 하고 싶었는지도 모른다. 살림에는 눈이 보배고, 불교공부에는 바른 소견이 무엇보다 우선한다. 불교를 공부하는 목적은 그동안 없었던 그 무엇을 만들어 내는 일이 아니다. 부처와 조사를 강조하지만 참되고 바른 견해만 있으면 이미 우리 자신 안에 존

재한다는 사실을 알 것이다. 생사에 물들지 않고 영원히 해탈한 경지에서 대자유를 누리는 일도 역시 우리 내면에 이미 존재하고 있다는 사실을 알고 있기 때문이다. 참되고 바른 안목의 중요성은 아무리 강조해도 지나치지 않다. 가장 훌륭한 삶, 최상의 인생, 역사상 가장 성공한 인생이란 것도 달리 구하지 않아도 바르고 참된 견해만 갖추어지면 그 모든 것이 저절로 돌아온다.

"도를 배우는 벗들이여! 예부터 선지식들은 모두가 그들만의 특별한 교화의 방법[路]이 있었다. 예컨대 산승山僧이 사람들에게 지시하고 가르치는 것은 다만 그대들이 다른 사람의 미혹을 받지 않는 것이다. 작용하게 되면 곧 작용할 뿐이다. 더 이상 머뭇거리거나 의심하지 말라.

요즘 공부하는 사람들이 그렇게 되지 못하는 것은 그 병이 어디에 있는가? 병은 스스로를 믿지 않는 데 있다. 그대들이 만약 자기 자신을 믿지 못하면 곧 바쁘게 돌아다니면서 일체 경계에 끌려다니게 된다. 수만 가지 경계에 자신을 빼앗겨 자유롭지 못할 것이다."

해설 _ 선지식마다 그들 나름대로 사람들을 교화하고 가르치는 독특한 가풍家風이 있다. 화엄경에서 선재동자의 뒤를 따라다니면서 53선지식들을 다 친견해 봐도 역시 모두 다르다. 일개 사찰을 운영하는 방식도, 한집안을 이끌어 가는 방식도 모두가 다르다.

임제 스님은 불수인혹不受人惑이라는 유명한 말씀으로 자신만의 특별한 교화방법을 삼았다. 즉, 다른 사람이 자신을 미혹하게 하고 헷갈리게 하는 일들을 받아들이지 말라는 것이다. 또 어떤 경계에도 속지 말라는 것이다. 자기 자신 이외의 어떤 훌륭한 법에도 속지 말라는 것이다. 자신이 작용하고 있는 것을 작용하게 되면 곧 작용할 뿐[要用便用] 다른 것에 눈을 돌릴 일이 아니라는 것이다.

자신이 작용하고 있는 것이 무엇인가?

'할'

풀어서 자세히 설명하자면, 보게 되면 보고, 듣게 되면 들어라. 손을 움직여 보고, 걸음을 걸어 보라. 견문각지見聞覺知하고 시위동작施爲動作하는 사실 외에 달리 무엇이 있는가? 바로 그것이다. 그것 외에 다른 것에는 미혹하거나 속지 말라는 것이다. 그것이 신통묘용이며 무량대복이다. 부처님 백 명을 한 곳에 모아놓은 일이다. 그 외에 어떤 불보살과 조사의 경계에도 끄달리지 말라. 자신이 작용하는 것에 대해서 더 이상 머뭇거리거나 의심하지 말라. 이것이 임제 스님만이 사람들을 지시하고 가르치는 특별한 노하우다.

불교 공부를 한다고 하면서, 또한 성불을 하기 위해서 참선, 염불, 기도, 주력, 간경 등을 하면서도 그렇게 되지 못하는 것은 어디에 문제가 있는가? 조금도 부족함이 없이 완전무결한 자신에 대한 믿음이 없기 때문이다. 자신이 이미 대해탈인이요, 대자유인이라는 사실에 대해서 이해가 없고 믿음이 없어서 그런 것이다. 자신을 버리고 경전의 말씀과 어록의 말씀들과 그 외의 수많은 경계[수행방법]에 끌려다니기 때문이다. 그래서 부처님에게 속박당하고, 조사들에게 속박당하고, 일체경계에 속박을 당하는 관계로 자유로울 수가 없다. 끌려다니는 노예나 다를 바 없다. 여기까지를 요약하면 진정견해眞正見解, 불수인혹不受人惑, 요용변용要用便用이다. 꼭 외워야 한다.

일없는 사람

"그대들이 만약 능히 생각 생각에 찾아 헤매는 마음[馳求心]을 쉴 수 있다면 곧 할아버지인 부처님[祖佛]과 더불어 다름이 없느니라. 그대들이 할아버지인 부처님을 알고자 하는가? 다만, 그대들이 내 앞에서 법문을 듣고 있는 그 사람이다. 공부하는 사람들의 믿음이 철저하지 못하고 곧 자신 밖을 향해 내달리면서 구하고자 하기 때문이다. 그렇게 해서 설사 밖에서 구하여 얻는다 하더라도 모두가 훌륭한 문자일 뿐이다. 마침내 살아있는 할아버지의 뜻은 얻지 못할 것이다. 착각하지 말라. 여러 선덕禪德 들이여! 지금 이런 이치를 만나지 못하면 만 겁 천생을 삼계에 윤회하여 좋아하는 경계에 이끌려 다니느라 나귀나 소의 뱃속에 태어날 것이다."

해 설 _ 기억해야 할 말이 또 나왔다. **헐득치구심**歇得馳求心과 **청법저인**聽法底人이다. 보고 듣고 하는 자기 자신 외에 밖을 찾아 헤매는 마음만 쉬어 버리면 그대로가 할아버지 부처요, 그대로가 할아버지 스승[祖師]이다. 하나도 다르지 않다. 익숙한 말로 부처님이니 조사님이니 하는 사람들이란 무엇인가? 보고 듣고 할 줄 아는 살아있는 사람이 아닌가. 자신 속에 무한한 생명과 한량없는 공덕과 신통묘용이 있어서 이렇게 보고 들을 줄 안다는 사실을 알고 더 이상 밖을 향해 찾아 헤매지 않는 사람이다.

조사와 부처를 알고자 하는가? 내 면전에서 법문을 듣고 있는 바로 그 사람이다[聽法底人]. 부처가 되기 위해서 수행한다는 사람들은 그 사실에 대해서 믿지 못하고 있다. 그래서 자신 밖을 향해서 부단히 찾아 헤매고 있다. 실은 찾을수록 더욱 멀어진다는 사실도 모른 채 말이다.

그렇게 해서 설사 밖에서 찾았다 하더라도 그것은 모두 문자로 쓰인 아름답고 훌륭한 이름들뿐이다. 이를테면 석가모니 · 아미타불 · 미륵불 · 비로자나불 · 문수보살 · 보현보살 · 관세음보살 · 지장보살 그리고 무슨 부처님, 무슨 보살님, 천 불千佛, 만 불萬佛 등등 대단한 이름들이 얼마나 많은가? 그러나 진정으로 살아서 피가 뛰고, 맥박이 뛰고, 웃고, 울고 할 줄 아는 그런 부처는 만나지 못한다.

임제 스님이 특별히 여기에서 할아버지 부처님[祖佛]이라고 하는 이유는 경전 상에서나 볼 수 있는 아득히 먼 부처님을 바로 곁으로 끌어내린 것이다. 어릴 때 할아버지에 대한 기억이 어떠한가? 할아버지처럼 우리 마음에 쉽게 다가서는 그런 분이 부처님이다. 조사란 말도 이미 상당히 멀어져 있다. 할아버지 스승님이라고 풀어서 불러야 쉽고, 가깝게 가슴에 와 닿는다. 보고 듣고 하는 살아있는 사람 외에는 그 무엇도 아니다. 살아있는 사람에서 눈을 떼지 말라는 뜻이다.

이런 이치를 모르면 별의별 삶의 길로 흘러다니게 된다. 삼계 윤회 뿐이겠는가. 나귀나 소가 되어서 생각하는 것은 고작 욕심 채우는 일 뿐이다. 물과 풀, 그 외에는 아는 것이라곤 아무것도 없으리라[但念水草餘無所知]. 사람으로서 사람의 자리에 있지 못하면 그 순간부터 사람의 모습을 한 채 축생의 삶이요, 아수라나 아귀나 곤충이나 미물의 삶이다. 『법화경』의 가르침이다.

도를 배우는 여러 벗이여! 산승의 견해에 의지한다면 그대들도 석가와 더불어 다름이 없다. 오늘 여러 가지로 작용하는 곳에 모자라는 것이 무엇인가? 여섯 갈래[眼·耳·鼻·舌·身·意]의 신령스런 빛이 잠시도 쉰 적이 없다. 만약 이와 같이 이해한다면 다만 한평생 일 없는 사람일 뿐이다[一生無事人].”

🏮 해설 _ 임제 스님은 말씀하신다. 내가 보기에는 그대들도, 이 세상 모든 사람들도 모두가 석가와 다르지 않다. 지금 이렇게 보고 듣고 하는 온갖 작용에 무엇이 부족한가? 석가보다 모자라는 것이 무

엇이란 말인가? 석가도 볼 줄 알고, 그대들도 볼 줄 안다. 석가도 들을 줄 알고, 그대들도 들을 줄 안다. 석가도 피곤하면 자고, 그대들도 피곤하면 잔다. 석가도 배고프면 먹고, 그대들도 배고프면 먹을 줄 안다. 육근을 통해서 활발발하게 작용하는 이 무위진인은 한순간도 쉰 적이 없다. 신통과 묘용이 어디 별것이랴? 육근을 통해서 보고 듣고 하는 이 작용이다. 이 사실을 알면 단지 한평생 일없는 사람일 뿐 달리 '부처다, 조사다' 고 할 것이 없다. 인연을 따라 소일하면 된다. 구태여 애쓸 것이 없다隨緣無作.

　이것이 성불의 지름길이고 불교의 지름길이다. 이것이 진짜 불교다. 순식간에 석가와 같지 아니한가? 이보다 더 쉽고 더 빠르고 더 간단한 길은 없다. 이보다 더 쉬운 불교가 어디 있는가? 『임제록』은 불교의 제1 교재다. 『임제록』은 조계종의 제1 소의경전이다. 불교 역사상 가장 뛰어난 선지식이기 때문에 사람들을 이렇게 가르칠 줄 안다. 아무나 할 수 있는 일이 아니다. 불교를 꿰뚫어 보고, 사람을 꿰뚫어 보고, 부처와 조사를 꿰뚫어 본 임제 스님만이 할 수 있는 가르침이다. 꼭 외워야 할 말이 또 있다. 금일다반용처 흠소십마今日多般用處 欠少什麼. 육도신광 미증간헐六道神光 未曾間歇. 일생무사인一生無事人.

밖에서 찾지 마라

"대덕아! 삼계가 불안한 것이 마치 불타는 집과 같다. 이곳은 그대들이 오래 머물 곳이 못 된다. 무상無常이라는 사람을 죽이는 귀신[殺鬼]은 한 찰나 사이에 귀한 사람, 천한 사람, 늙은이, 젊은이를 가리지 않는다."

해설 _ 말씀이 좀 늘어지고 일반적이다. 소참법문답다. 우리가 사는 세상이 매우 불안하여 마치 불타는 집에 있는 것과 같다는 것은 『법화경』의 유명한 화택火宅의 비유를 인용한 것이다.

불교공부를 하게 되는 동기는 대개 세상과 인생에 대한 부정적 사고에서 출발한다. 세존이 늙고 병들고 죽은 모습을 보고 발심發心한 것이 그 모델이 된다. 세월이 빠르게 흐르고 머지않아 죽음을 맞이하게 되리라는 생각은 세속적 부귀영화가 인생에 있어서 아무런 의미가 없게 한다.

빠르게 지나가는 인생무상은 그대로가 사람을 죽이는 귀신이다. 순식간에 죽음이 찾아온다. 누구도 어찌하지 못한다. 만금을 주고도 하루의 시간을 연장할 수가 없다. 특별한 사람만을 선택해서 그런 것이 아니다. 동서고금과 빈부귀천과 남녀노소를 가리지 않는다. 정말 공정하고 평등하다. 이런 사실을 가슴 깊이 새긴다면 안이한 생각으로 세상을 살지는 않을 것이다. 무엇인가 의미 있는 길을 찾게 될 것이다. 세상을 보는 관점이 달라지고 인생의 가치관이 달라질 것이다. 그것이 발심發心이다. 기본적으로 그런 생각을 하지 않으면 불교공부와는 거리가 멀다.

"그대들이 할아버지 부처님과 더불어 다르지 않고자 한다면 다만 밖으로 구하지 말라. 그대들의 한 생각 마음의 청정한 빛은 그대들 집안의 법신불法身佛이다. 그대들 한 생각 마음의 분별없는 빛은 그대들 집안의 보신불報身佛이다. 그대들 한 생각 마음의 차별 없는 빛은 그대들 집안의 화신불化身佛이다. 이 세 가지의 몸은 그대들이 지금 내 앞에서 법문을 듣고 있는 바로 그 사람이다. 다만, 밖을 향해 헤매면서 찾지만 않으면 이런 공용功用이 있다."

해설 _ 그대들 성불하고자 하는가? 별다른 공부가 없다. 다만, 너 자신 밖에서만 찾지 말라. 너 자신을 떠나서는 아무것도 없다. 부처님에게는 세 가지의 몸이 있다고 경전에서는 설명하지만, 그것도 따지고 보면 그대들의 지금 이 순간 법문을 듣고 있는 그 사람이다. 그 외에 달리 법신이니, 보신이니, 화신이니 하는 것은 없다. 한 마음에서 이리저리 나누어 설명한 것에 불과하다.

임제 스님은 "한 마음 청정한 광명[작용]이 법신불, 한 마음 분별없는 광명[작용]이 보신불, 한 마음 차별 없이 평등한 광명[작용]이 화신불이다."라고 말씀하신다. 나누어서 약간의 설명을 붙이자면, 청정한 광명이란 한 생각도 일으키지 않아서 허공과 같은 입장을 말한다. 적멸한 성품의 신령스런 광명이다. 분별없는 광명이란 하루 종일 수용하는 일이다. 보고, 듣고, 피곤하면 쉬고, 배고프면 먹는 일, 추우면 옷을 더 입고, 더우면 부채질을 하는 평상심의 작용이다. 차별 없는 광명이란 하루 중에 아무리 작용해도 끝이 없고, 간단이 없고, 차별이 없는 작용이다. 마치 하늘에 달이 떠 있으면 일천 강에 달빛이 모두 비치는 것과 같다.

또 "이 세 가지의 몸이라는 것도 그대들 지금 이 순간 내 앞에서 법문을 듣는 그 사람이다. 다만 밖을 향해서 쫓아다니며 구하지만 않는다면 법신 · 보신 · 화신불의 공덕 작용이 거기에 있다."라고 말씀하신다.

사랑하고, 미워하고, 기뻐하고, 슬퍼하고, 손이 필요하면 손을 쓰고, 발이 필요하면 발을 쓴다. 이것이 법신 · 보신 · 화신의 공덕 작용이다.

무량공덕이다. 신통묘용이다. 무량대복이다. 이 능력을 천하와 바꿀 수 있으랴? 황금으로 사람을 수미산만 하게 만들어 놓았다 하더라도 울고 웃을 줄 알까? 무슨 신통이 있겠는가? 과연 『임제록』은 불교 최고의 경전이다. 인류 역사상 최고의 가르침이다. 그래서 일개 나라를 다 주고도 바꿀 수 없다고 한다.

법신이니, 보신이니, 화신이니 하는 바싹 마른 언어들을 피가 돌고 맥박이 뛰는 살아있는 사람으로 살려 놓았다. 욕을 하며 화를 내고, 웃으며 즐거워하는 바로 그대 자신으로 바꿔 놓았다. 바꿔 놓은 것이 아니라 본래부터 바로 그대 자신이었다. 보살, 나한, 조사, 도인이 모두 그대 자신이다. 그대 한 생각 일으켜 우주만유를 만들고, 그대 한 생각 잠재워 삼라만상을 없애버린다. 이보다 더 위대한 부처가 어디 있으랴? 이보다 더 뛰어난 신이 어디 있으랴? 그대는 모든 부처와 조사의 어머니며, 일체 만유의 주인이며 창조자다. 다시 한 번 기억할 말은, 조불불별 단막외구祖佛不別 但莫外求. 즉금목전 청법저인卽今目前 聽法底人.

"경학을 공부하는 사람[經論家]에 의하면 이 세 가지 불신佛身을 취하여 궁극의 경지를 삼으나 산승의 견해로는 그렇지 않다. 세 가지 불신이란 이름과 말이며 또한 세 가지 의지인 것이다. 옛사람이 말하기를 몸[佛身]이라고 하는 것은 이치에 의하여 세운 것이고, 국토는 바탕에 의거하여 논한 것이다. 법성신 · 법성토는 이 빛의 그림자인 줄 분명히 알아야 한다."

 해설 _ 교리에서는 이 법신 · 보신 · 화신을 최고의 경지라고들 한다. 그러나 임제 스님의 견해에서는 전혀 아니다. 앞의 단락에서도 말한 바와 같이 한 마음의 그림자다. 이 세 가지 몸이란 이름에 불과하다. 말에 불과하다. 그 이름에 의지하게 하는 일에 불과하다. 옛 사람도 말했다. 법신 · 보신 · 화신이란 의미에 따라서 성립된 것이다. 그리고 그 삼신에는 각각 의지하는 국토가 있다고 한다. 하지만, 그것 역시 삼신의 본체인 마음에 의해서 논한 것이다. 그러므로 법성신法性身이니, 법성토法性土니 하는 것은 모두가 마음의 그림자라는 사실을 분명히 알 수 있다.

돌아가 쉬는 곳

"대덕아! 그대들은 또한 그림자를 조종하는 사람을 확실히 알라. 이것이 모든 부처님의 근본이다. 그렇게 되면 모든 삶의 모습[一切處]이 도를 닦는 이들의 돌아가 쉴 곳이다. 그대들의 사대[地·水·火·風]로 된 이 육신은 설법을 하거나 법을 들을 줄 모른다. 비·위·간·담脾胃肝膽도 설법을 하거나 법을 들을 줄 모른다. 허공도 설법을 하거나 법을 들을 줄 모른다. 그렇다면, 무엇이 설법을 하고, 법을 들을 줄 아는가?

그것은 그대들 눈앞에 역력하고 뚜렷한, 아무 형체도 없이 홀로 밝은 이것이 바로 설법을 하고, 법을 들을 줄 안다. 만약 이와 같이 볼 줄 안다면 곧 할아버지 부처님과 더불어 다르지 않느니라."

해설 _ 이 단락의 말씀은 일반적인 불교 상식이라고 할 수 있는 내용이다. 즉, 사람의 육신은 마음의 그림자고, 그 그림자를 조종하는 것은 우리들의 마음이다. 그 마음은 모든 부처님의 근본이다. 이 마음만 알면 모든 수행자들은 이 삶 이대로[一切處]가 집으로 돌아가 두 다리 뻗고 편안히 쉴 곳이라고 하신다.

다음의 구절이 수많은 사람들이 즐겨 쓰는 말이다. 특히 49재 법문을 할 때 가장 자주 등장하는 말이다. "사대육신이 말을 하거나 말을 듣는 것이 아니다. 비·위·간·담도 그렇다. 허공도 말을 하거나 듣지는 못한다. 다만, 얼굴을 통해서 늘 출입하고 있으면서 아무런 흔적도 없는 그 한 물건이 말을 하고, 말을 듣는다."

임제 스님은 앞에서 무위진인無位眞人이라 했다. 대개 한 물건[一物]이라는 말도 많이 쓴다. 한 물건을 가장 멋있게 표현한 고려 말 함허涵虛, 1371-1433 스님은 이렇게 말씀하신다.

"여기에 한 물건이 있으니 이름도 없고 모양도 없다. 무한한 과거에서 무한한 미래까지 고금을 꿰뚫고 있다. 작은 먼지 속에 있으면서 온 천지를 다 에워싸고 있다. 안으로는 별의별 신묘불측한 능력을 갖추고 있으면서, 밖으로는 온갖 상황에 다 대처한다. 과거, 현재, 미래의 주인이고 만법의 왕이다. 크고 넓고 멀어서 무엇과도 비교할 수 없고, 높고 또 높아서 짝할 자가 없다. 참으로 신기하다. 몸을 구부리고 펴는 그 사이에 있고, 보고 듣는 그 자리에 있다. 참으로 멀고 아득하여라. 천지보다 먼저 있었지만, 그 시작이 없고, 천지보다 뒤에까지 남아 있어도 그 끝이 없다. 아, 이것이 공空인가? 유有인가? 내 그 까닭을 알 수 없도다."

청허당 서산 스님은 또 이렇게 말씀하셨다. "여기에 한 물건이 있으니 본래부터 한없이 밝고 신령하여 일찍이 생긴 것도 아니고, 일찍이 없어지는 것도 아니다. 이름 지을 길 없고, 그 모양 그릴 수도 없다." 이어서 주해하시기를, "한 물건이란 무엇인가? 옛사람이 게송하시기를 '옛 부처님 나기 전에 뚜렷하게 밝았도다. 석가도 오히려 몰랐거늘 가섭존자가 어떻게 전할 수 있으랴[古佛未生前 凝然一相圓 釋迦猶未會 迦葉豈能傳]?'이것이 한 물건의 생긴 것도 아니고, 없어지는 것도 아니며 이름 지을 길 없고, 그 모양 그릴 수 없는 이유이다." 한 단락 모두 기억해 둬야 할 내용이다. 특히 식취농광영저인識取弄光影底人을 유념하라. 참으로 만고의 사람들이 미칠 수 없는 법어다.

　　다만, 모든 시간 속에 전혀 간격이 없어서 눈으로 보는 것이 모두 다 그것이지만, 그러나 감정이 생겨서 지혜가 막히고 생각이 변하여 본바탕과는 달라졌기 때문이다. 그러므로 삼계에 윤회하여 가지가지 고통을 받게 된다. 만약 산승의 견해로 본다면 깊고 깊은 경지가 아닌 것이 없고, 해탈 아닌 것이 없다.

해 설 _ 이 한 물건은 모든 시간 속에서 1초의 간격도 없다. 모든 공간 속에서 조금도 자리를 비운 적이 없다. 눈에 보이는 모든 것이다. 귀에 들리는 모든 것이다. 실로 만목청산滿目靑山이다.

어떤 사람이 물었다.

"도道가 무엇입니까?"

"그대는 지금 무엇을 보고 있는가?"

"방안에 사람이 있고, 병풍이 있고, 벽이 있는 것을 봅니다."

"도가 그렇게 그대의 눈을 찌르고 있건만 그래도 모르겠는가?"

"모르겠습니다."

"그러면 그대는 지금 무엇을 듣고 있는가?"

"지금 마침 비가 내려서 비 오는 소리를 듣고 있습니다."

"도가 그처럼 그대의 귀를 찌르고 있건만 그래도 모르겠는가?"라는 문답이 있다.

시간과 공간을 통해서 늘 그렇게 있건만 그것에 대한 이해가 없다. 설사 설명을 들어도 믿음이 없어서 모를 뿐이다. "여시불汝是佛. 그대가 바로 부처"라고 한들 믿지 못하니 어떻게 하겠는가? 임제 스님은 보고 듣는 것을 그대로 받아들이지 못하고 공연한 감정이 생겨서 지혜가 막히고 생각이 변하여 본바탕과는 달라졌기 때문이라고 하신다. 이말은 통현장자의 「화엄론」에서 언급한 바 있다.

산승의 견해에서 보면 모두가 불가사의하고 무상심심미묘법無上甚深微妙法이다. 모두가 대해탈, 대자유다. 무량광명, 무량복덕, 신통묘용

이다. 짧은 글에 구절구절이 빛나는 다이아몬드다. 일체시중 갱막간단
촉목개시一切時中 更莫間斷 觸目皆是. 정생지격 상변체수情生智隔 想變體殊.

마음은 형상이 없다

"도를 배우는 벗들이여! 마음의 작용은 형상이 없어서 시방세계를 관통하고 있다. 눈에 있을 때는 보고, 귀에 있을 때는 들으며, 코에 있을 때는 냄새를 맡고, 입에 있을 때는 말을 하며, 손에 있을 때는 잡고, 발에 있을 때는 걸어다닌다. 본래 이 하나의 정밀하고 밝은 것[一精明·一心]이 나누어서 우리 몸의 여섯 가지 부분과 화합하였을 뿐이다. 한 마음마저 없는 줄 알면 어디서든지 해탈이다.

산승의 이와 같은 이야기들은 그 뜻이 어디에 있는가? 다만, 도를 배우는 사람들이 일체 치구심一切馳求心을 쉬지 못하고 저 옛사람들의 부질없는 동작과 언어와 가리키는 것들[機境]을 숭상하고 매달리기 때문이다."

해설 _ 모든 사물에 있어서 형상이 있는 것은 장애가 많아서 자유롭지 못하다. 그러나 마음은 모양이나 형상이 없어서 어디든 자유롭다. 하나의 마음이 눈에 있으면 보는 작용을 하고, 귀에 있으면 듣는 작용을 한다. 코에 있을 때는 냄새를 맡는다. 이와 같이 걸림이 없다. 본래 하나의 마음이지만 육근과 화합해서 일체가 있다. 삼라만상도 마음이 육근을 통해서 존재함을 안다. 그러므로 이 한 마음이 없으면 어디에 있든지 자유로운 해탈이다.

내가 왜 이런 이야기를 하는가? 모든 수행자들이 밖을 향해서 구하는 마음을 쉬지 못하고, 옛 사람들의 부질없는 말이나 행위들, 즉 기경機境들을 높이 받들고 숭상하여 그것이 무슨 실다운 법이나 되는 줄 알고 있기 때문이다. 부처님이 꽃을 든 것이나, 가섭이 미소한 것이나, 구지화상이 손가락을 든 것이나, 할을 하고 방을 쓰는 일들을 무슨 대단한 일이나 되는 것처럼 받들어 모신다. 또 부처님이나 조사스님들의 말씀들을 귀중하게 여겨서 혹 흠이 갈까 하여 애지중지한다. 거기서 한 가지 깨달음을 얻으려고 머리를 처박는다. 그들은 사람들을 속이려고 한 것이 아닌데 사람들 스스로가 속고 있다.

기경機境이라는 말은 선가에서 자주 쓰는 말이다. 또 중요한 말이다. 기機는 안에서 일어나는 것이다. 어떤 사실을 보고, 듣고, 겪으면서 일어나는 마음의 작용이다. 사실이나 경지가 인격화, 또는 체體화 된 것이다. 경境은 밖에 있는 것이다. 보여주고, 들려주고, 경험하게 해주는 어떤 사실이다. 예컨대 세존이 꽃을 든 것은 경이다. 그리고 가섭이 미소한 것은 기다. 또 멀리 연기가 일어나는 것은 경이다. 연기를 보고 불이 있는 줄을 아는 것은 기다. 불자를 들거나, 방을 쓰거나, 할을 하거나, 선문답을 던지거나 하는 따위는 모두가 경이다. 그런 사실에 따라 반응하는 것, 상대의 마음 작용에 따라 표현하고 답하는 것은 모두 기다. 모든 선문답은 흔히 일기일경, 일언일구들로 이루어져 있다.

일기일경, 일언일구에서 깨닫기를 도모하는 것은 마치 아무런 탈이 없는 살갗을 긁어서 부스럼을 만드는 일이다. 또 미망의 경계에 깊이 빠져드는 일이다. 그러므로 그런 것들을 따르고 받드는 것을 임제 스님은 크게 경계하고 있다. 심법무형 통관시방心法無形 通貫十方. 특히 이 단락에서 가슴 깊이 새겨야 할 구절이다.

"도를 배우는 벗들이여! 산승의 견해를 취할 것 같으면 보신불과 화신불의 머리를 앉은자리에서 끊는다. 십지보살[十地滿心]은 마치 식객과 같다. 등각·묘각은 죄인으로서 칼을 쓰고 족쇄를 찬 것이다. 아라한과 벽지불은 뒷간의 똥오줌과 같다. 보리와 열반은 당나귀를 매는 말뚝과 같다. 어째서 이러한가? 다만, 도를 배우는 이들이 삼아승지겁이 공空한 것임을 알지 못하기 때문에 이러한 장애가 있는 것이다.

만약 진정한 도인道人이라면 마침내 이와 같지 않다. 다만, 인연을 따라서 구업舊業을 녹인다. 자유롭게 옷을 입고, 가게 되면 가고, 앉게 되면 앉아서 한 생각도 불과佛果를 바라지 않는다. 어째서 그러한가? 옛사람이 이르기를 '만약 업을 지어서 부처를 구하고자 한다면 부처가 오히려 생사의 큰 징조가 된다.'라고 하였다."

해설 _ 부처님의 설법은 활과 같이 우회하여 말씀하시고, 조사들의 설법은 활줄과 같이 직선으로 말씀하신다. 부처님은 그 표현이 아름답고 부드럽다. 그러나 조사들의 표현은 직설적이고 때로는 매정하고 비정하다. 혹독하다. 부처님이고 보살이고 전혀 안중에 없다. 보통 사람들은 종이에 불佛이라는 글자만 써져 있어도 그 종이를 함부로 버리지 못한다. 그런 마음으로 신행생활을 하는 후손들은 때때로 임제 스님의 말씀을 입에 담기가 민망할 때가 있다.

임제 스님의 견해는 이렇다. 매우 특별하다. 경악할 일이며 두려워서 어찌할 바를 모를 일이다. 보신불, 화신불을 앉은 자리에서 여지없이 부정해 버리고, 보살로서 최고의 경지에 오른 십지보살을 천한 나그네, 식객, 노숙자라고 하였다. 등각等覺, 묘각妙覺이 어떤 자리인가? 그들을 칼을 쓰고 족쇄를 찬 죄인이라 하였다. 아라한이나 독각獨覺을 똥오줌이라고 하였다. 보리, 열반은 당나귀를 매어두는 말뚝이라고 하였다.

보살의 수행계위를 아예 부정하지만, 경전에서 나열하고 있는 것을 소개하면 다음과 같다. 『능엄경』에는 57위를, 『인왕경』에는 51위를, 『영락경』에는 52위를, 『화엄경』에는 52위 또는 41위를, 『대품경』에는

42위를 혹은 57위를 또는 60위를 설하고 있다. 모두가 실재하지 않는 것이다. 방편이기 때문에 그 설이 구구하다. 열면 많아지고 합하면 적어진다. 그러므로 임제 스님의 혹독한 말씀을 시원한 청량수로 받아들여야 한다.

나는 오직 '나' 일뿐이다. 장부는 스스로 하늘을 뚫는 기개가 있고 뜻이 있다. 부처님이 가신 길을 가지 않는다. 무위진인으로서 당당하게 살라는 뜻이다. 불보살의 멍에에서 시원스레 벗어나라는 뜻이다. 조사와 아라한, 벽지불, 보리, 열반이라 하는 것도 모두가 본래로 자유로운 사람들을 옭아매는 올가미에 불과하다는 뜻이다. 그럼에도, 사람들은 왜 그곳에 붙들려 사는가? 삼아승지겁을 닦아야 비로소 성불한다는 그 시간성이 본래로 공하다는 사실을 모르기 때문이라고 하였다.

말을 들을 줄 아는 그 사람이 부처고 조사라는 사실을 아는데 무슨 어려움이 있으며 시간이 걸리겠는가? 알려고 하는 자기 자신이 곧 그 사람인 것을. 그래서 실은 그러한 사실을 모르고 살아도 부처님이다. 조사님이다. 다이아몬드는 다이아몬드인 줄 알고 있으나 모르고 있으나 그대로 다이아몬드이기 때문이다. 이 사실만 이해하면 공부 끝이다. 일없는 사람이다. 인연 따라 살 뿐, 특별히 애쓸 일이 없다[隨緣無作]. 이제 그 헐떡거리는 마음 좀 쉬어라, 쉬어. 자신이 지금 그대로 부처요, 조사인데 무얼 그리 찾아 헤매는가? 참선을 하든지, 간경을 하든지, 염불을 하든지 반드시 이 이치를 알고 해야 한다.

임제 스님은 다시 양나라 보지寶誌 화상의 『대승찬大乘讚』이라는 글을 인용하여 증명하였다. "만약 업을 지어서 부처를 구하면 부처야말로 생사의 큰 원인[大兆]이다." 업을 짓는다는 것은 부처가 되기 위해서 참선을 하고, 6바라밀을 닦고, 간경, 기도, 염불 등등의 모든 수행이라는 행위들을 말한다. 그러한 일을 해서 부처가 되는 것은 아니다. 오히려 생사의 구렁텅이로 빠져드는 큰 원인이 될 뿐이다.

영가 스님도 「증도가證道歌」에서 말씀하셨다. 부처를 구하기 위해서 공을 베푼다면 그 부처가 언제 이루어질 것인가[求佛施功早晚成]? 눈이 밝은 사람들은 한결같이 이렇게 말씀하신다. 부처란 이미 되어 있는 사람이다. 새로 만들어서 되는 것이 아니다. 현재의 네 모습 그대로다. 배고프면 밥을 먹고 피곤하면 쉴 줄 아는 바로 그 사람이다. 거기에서 지금 무엇이 부족한가? 더 이상 필요한 것이 무엇인가? 삼아승지겁 동안 고행苦行을 해서 구한들 무엇이겠는가? 뼈만 남은 석가의 고행상을 구하는가? 그 고행상이 부처인가? 부처가 그것은 아닐 것이다. 슬프면 울 줄 알고, 기쁘면 기뻐할 줄 아는 그 사람이 부처님이다. 배고프면 먹을 줄 알고, 피곤하면 쉴 줄 아는 그 사람이 부처일 것이다. 겉으로 보기에는 화려해 보이나 생명이 없는 언어의 유희에서 눈을 돌려 피가 흐르고 맥박이 뛰는, 살아 있는 사람부처에게로 돌아와야 한다. 인불사상人佛思想이란 바로 그것이다.

그래서 이 『임제록』은 불교의 제1 교과서이다. 조계종의 제1 소의경전所依經典이다. 성불의 지름길이다. 우리나라의 불교가 모두 임제 스님의 법을 이은 불교이며 임제 스님의 법손임을 입만 열면 자랑을 하면서 왜 이 임제 스님의 가르침을 모르는가? 이렇게 간단하고 쉬운 불교를……. 이제 우리 한국의 불자들도 이러한 본래의 불교로 돌아갈 때이다. 임제 스님의 사상으로 돌아가서 당당하게 임제 스님의 법손임을 자랑할 때이다. 참으로 천고의 일서一書다.

이 단락에서 거듭 새겨야 할 구절은 "수연소구업 임운착의상隨緣消舊業 任運著衣裳, 요행즉행 요좌즉좌要行卽行 要坐卽坐, 약욕작업구불 불시생사대조若欲作業求佛 佛是生死大兆"이다. 명심하고 또 명심해야 할 것이다.

연야달다가 머리를 잃다

"대덕아! 시간을 아껴야 하거늘, 옆길로만 분주히 돌아다니면서 선禪을 배우고 도道를 배운다고 하는구나. 이름과 글귀를 잘못 알고 부처를 구하고, 조사를 구한다고 하는구나. 선지식을 찾아가서 생각으로만 헤아리는구나. 그렇게 잘못 알지 말라.

도를 배우는 벗들이여! 그대들에게 다만 일개 부모[根本]가 있다. 다시 무슨 물건을 구하는가? 그대들 스스로 돌이켜 보라. 옛사람이 이르기를 '연야달다演若達多가 머리를 잃어버렸다고 생각하다가 다시 구하는 마음이 쉰 그 순간에 아무런 일이 없어졌다.'라고 하였다."

해 설 _ 사람들이 불교를 공부하고 참선을 한다고 하면서 공연히 옆길로만 치닫는다. 책자를 통해서나 남의 이야기를 듣고 부처니, 조사니, 보살이니 하는 것을 찾는다. 그들의 말을 잘못 이해하고 나름대로 헤아리고 사량 분별한다. 그러면서 아까운 시간을 다 써 버린다. 인생은 짧다. 시간은 흐르는 물처럼 잠깐 사이에 지나간다. 사람의 몸 만나기 어렵고 불법 공부하기 더욱 어렵다. 이렇게 어려운 것을 다행히 만났다. 천만금을 주고도 못 얻을 불교를 만났을 때 이 문제를 해결해야 한다.

제발 그릇 알지 마라. 우리에게는 모두 우리의 근본 마음자리가 있다. 그것을 버리고 다시 무슨 물건을 구하는가? 부디 잘 생각해 보라. 『능엄경楞嚴經』에서 연야달다가 어느 날 거울을 보다가 잘못 생각하여 '거울 안에는 사람의 머리가 있는데 자신의 머리는 어디 있는가?' 라고 하여 자신의 머리를 찾아 나섰다. 그런데 어떤 사람이 '그대의 머리는 그대로 있다.' 고 알려주었다. 그래서 갑자기 자신의 머리는 잃어버린 적이 없고 그대로 있다는 사실을 알았다. 그 순간 머리를 찾으려는 마음을 쉬어버렸다. 더 이상 아무런 일이 없어졌다. 머리가 있는데 머리를 다시 찾을 일이 있겠는가? 쓸데없는 짓 그만하고 자신의 머리를 만져보라. 성불한다는 일이 그와 같은 이치이다. 이것이 성불의 지름길이 아니고 무엇인가? 이것이 진짜 불교공부다.

두상안두頭上安頭라는 말이 있다. 머리 위에 다시 또 머리를 하나 올려 둔다는 뜻이다. 머리를 두 개 포개어 달고 다니는 사람이 있다고 하

자. 어떻게 되겠는가? 틀림없이 요귀妖鬼이거나 아니면 있을 수도 없는 병신이다. 우리는 이미 완전무결한 부처님인데 다시 부처를 찾아 헤매는 일이 그와 같다는 말이다. 속 터질 일이다. 미치고 환장할 일이다. 이 이치는 수억만 번을 강조해도 지나친 말이 아니다. 이것이야말로 진짜 불교고, 공짜 불교다. 돈도 들지 않으며 노력도 들지 않는다. 정말 바르고 좋은 가르침은 이렇게 쉽고, 간단하고, 편안하다. 그래서 과거의 모든 눈 밝은 선지식들은 전부 임제 스님의 가르침과 그 사상을 받들고 숭상한다.

법주사에 있는 벽암碧巖, 1575-1660 스님의 비문에 "태고太古, 1301-1382 스님이 중국에 들어가서 부처님의 종지를 얻어서 우리나라에 돌아와 전한 그 법이 벽암 스님에게까지 여덟 번째에 이르렀으니 진실로 임제 스님의 바른 종통宗統이다."라고 하였다.

또 편양鞭羊, 1581-1644 스님의 어록에 "임제 스님의 전통을 잃어버리지 않은 사람이라야 근본과 연원이 있다고 하겠다. 우리나라의 태고 스님은 중국에 들어가서 임제 스님의 법을 이은 석옥石屋, 1272-1352 스님의 법을 잇고 와서 다시 환암幻庵, 1320-1392 스님에게 전하였다. 환암 스님은 다시 구곡龜谷 스님에게 전하고, 구곡 스님은 다시 정심正心 스님에게 전하고, 정심 스님은 다시 운운……."하였다.

또 대흥사에 있는 서산 청허西山淸虛, 1520-1604 스님의 비문에 "임제 스님이 열여덟 번째 법을 전하여 석옥 스님에게 왔고, 태고 스님은 석옥 스님에게 전해 받았다. 이로부터 여섯 번 전해져서 우리 스님에게로 전해졌다. 그 법의 원류가 이와 같다."라고 하였다. 이러한 전거는 부지기수다. 전거를 모두 소개하려면 따로 책을 한 권 만들어야 한다. 우리는 모두 그들의 법손이 아닌가? 그들이 물려준 불교를 하고 있지 않은가? 배불숭유排佛崇儒의 피눈물나는 아픈 역사를 딛고 물려준 것이다. 그래서 스님들이 돌아가시면 반드시 "빨리 사바에 돌아오셔서 임제 문중에서 길이 인천의 안목을 지으소서!"라고 간절히 축원한다. 한국불교의 전통이 이와 같은데, 그 정신은 모두 어디 갔는가? 하루빨리 바르고 전통이 있는 정통正統 불교로 돌아가야 한다.

특히 이 단락에서는 "이자반조간演偏返照看, 연야달다실각두 구심헐처즉무사演若達多失却頭 求心歇處卽無事"를 사무치게 참구하다 보면 저절로 마음이 쉬어질 것이다.

"대덕들이여! 평상 생활 그대로이기를 바란다면 다른 모양을 짓지 말라. 좋고 나쁜 것을 알지 못하는 머리 깎은 노예들이 있다. 그들은 문득 귀신을 보고 도깨비를 보며, 동쪽을 가리키고 서쪽을 구분하며, 맑은 것이 좋으니 비 오는 것이 좋으니 한다. 이와 같은 무리들은 모두 빚을 지고 염라대왕 앞에 가서 뜨거운 쇳덩이를 삼킬 날이 있을 것이다.

공연히 아무 탈 없는 집안의 남녀들에게 일종의 여우와 도깨비의 정령이 붙어 있다. 마치 멀쩡한 눈을 비벼서 괴상망측하게 허공에서 헛꽃을 보는 일과 같이 되었다. 이 눈멀고 어리석은 것들아. 밥값을 받을 날이 있을 것이다."

해 설 _ 평상심이 도라고 했다. 도는 평상의 삶인 것이다. 그런 도를 위해서라면 아무런 조작이나 인위적인 꾸밈을 짓지 말라. 조작이나 꾸밈은 다 가짜다. 진실이 아니다. 생각해 보라. 사람이 사는 일 밖에 달리 무엇이 있는가? 도니, 진리니, 불법이니 하는 것은 모두가 이대로 사람이 사는 일이다. 평상의 삶이다.

그런데 여기에 아무것도 모르는 머리 깎은 노예들이 있다. 그들은 이상한 불교를 배워서 있지도 않은 귀신이나 도깨비들을 보고 그것의 노예가 되어 있다. 자신을 저버리고 부처를 말하고, 조사를 말하는 이들도 다 그와 같다. 또 불교를 말하면서 동쪽이 어떠니, 서쪽이 어떠니 하는 일도 있다. 그리고 맑은 날, 비 오는 날을 운운하는 괴상망측한 사람들도 많다. 관세음보살이 영험 있느니, 지장보살이 영험 있느니 한다. 무슨 산이 영험 있느니, 무슨 섬이 영험 있느니 한다. 이 진언이 좋으니, 저 다라니가 좋으니, 참선이 좋으니, 염불이 좋으니 한다. 간화선이 좋으니, 묵조선이 좋으니 한다. 이 스님이 큰스님이니, 저 스님이 큰 도인이니 한다. 완전히 도깨비에 홀린 삶이다. 불교를 처음부터 다시 생각해 보라. 아니면 불교를 그만두어라. 불교는 없다. 차라리 낮잠이나 늘어지게 자라.

사람이 일상의 삶을 버리고, 또 당당한 자기 자신을 버리고 밖으로 찾아 헤매는 사람들을 임제 스님은 그와 같다고 본다. 이런 이들은 모두 염라대왕 앞에 가서 뜨거운 쇳덩이를 삼킬 날이 있을 것이다. 공연히 아무 탈 없는 집안의 사람들에게 여우나 도깨비들의 정령이 붙어서 귀신 씻나락 까먹는 소리를 하며 돌아다니는 것이다. 또 어떤 사람이 공연히 눈을 비벼서 허공에 꽃이 가득 피어 있는 것을 보는 사람과 같다고 본다. 이 어리석고 눈먼 놈들아, 시주들의 밥값이나 갚아라!

사조용 四照用

임제 스님이 대중들에게 말씀하셨다.

"나는 어느 때는 먼저 지혜로 비춰보고, 뒤에 작용을 하며, 어느 때는 먼저 작용을 하고 나중에 비춰 본다. 어느 때는 비춤과 작용을 동시에 하며, 어느 때는 비춤과 작용이 동시가 아닐 때도 있다.

먼저 지혜로 비추고 뒤에 작용하는 것은 사람이 있는 데 해당한다. 먼저 작용을 하고 뒤에 비춰 보는 것은 법[대상]이 있는데 해당한다.

비춤과 작용이 동시인 경우에는 밭 가는 농부의 소를 빼앗고, 굶주린 사람의 밥을 빼앗는 것처럼, 뼈를 두들겨 골수를 뽑아내고, 아픈 곳에 다시 바늘과 송곳으로 침을 꽂는 것이다.

비춤과 작용이 동시가 아닐 때는, 물음이 있으면 답이 있고 손님[객관]도 세우고 주인[주관]도 세운다. 물에 합하고 진흙에 합하여 근기에 맞춰서 사람들을 제접한다. 만약 뛰어난 사람[過量人]이라면 법을 거량하기 전에 떨치고 일어나 곧 가버린다. 그래야, 조금 비슷하다고 할 수 있다."

해설 _ 임제의 사조용이다. 이 내용은 없는 책도 있다. 서문에 나타나 있는 것을 보면 있어야 옳다.

사람들을 대하여 깨우치고 법을 쓰는 경우에 이러한 네 가지 방법이 있다. 최상의 지혜를 일깨워 주려면 먼저 사람을 잘 관찰하는 지혜의 활동이 있어야 한다. 다음으로 할을 하든지 방을 휘두르든지 하는 행동이 뒤따를 것이다. 그런 경우를 사람이 있는데 해당한다고 한다. 그 반대의 경우도 가능하다. 탈인奪人 탈경奪境의 경우는 부정하는 것으로 드러내고, 여기서는 긍정하는 방법으로 드러낸다. 표현은 달라도 뜻은 같다. '사람이 있다. 법이 있다.'라는 것은 사람은 주체적 사람, 법은 경계며 대상이다. 사람만 두기도 하고 법만 두기도 한다는 뜻이다.

요는 비춤과 작용이 동시인 경우[照用同時]가 문제다. 밭을 가는 농부의 소를 빼앗아 버리면 어쩌자는 것인가? 굶주린 사람의 밥을 빼앗아 버리는 것은 또 어쩌자는 것인가? 뼈를 두들겨 골수를 뽑아내고, 아픈 데다가 다시 바늘과 송곳으로 침을 꽂는 것은 또 어떤가? 위와 같은 상황들은 조용照用을 동시에 당해 본 사람은 알 것이다. '소낙비는 오는데 끌고 가던 소는 도망을 가고, 지고 있는 짐은 무거워 걸을 수 없는데 설사까지 났다.'라는 우리들의 옛말과 유사하다. 사람을 정신없이 만든다. 혼비백산이다. 그러나 그 그림이야말로 볼만한 가치가 있다.

비춤과 작용이 동시가 아닐 때[照用不同時]는 물음이 있으면 답이 있어서 매우 친절하다. 물에 빠진 사람을 건지기 위해 물로 뛰어드는 노파심이다. 그래서 좀 뛰어난 근기들은 재미가 없어서 떨치고 가버린다.

이 단락에서는 이 말이 좋은 말이다. 합수화니 응기접물合水和泥 應機接物.

일이 없는 사람이 귀한 사람

임제 스님이 대중들에게 말씀하셨다.

"도를 배우는 벗들이여! 참으로 중요한 것은 참되고 바른 견해[眞正見解]를 구해서 천하를 마음대로 다니면서 도깨비 귀신에게 홀리지 않는 것이다. 일이 없는 사람이 참으로 귀한 사람이다. 다만, 억지로 조작하지 말라. 오직 평상의 생활 그대로 하라. 그대들이 밖을 향하고 옆집을 찾아 헤매면서 방법[脚手]을 찾아봐야 그르칠 뿐이다. 단지 부처를 구하려 하나 부처란 이름이며 글귀일 뿐이다."

해설 _ 불교공부를 하는 일이나, 집안의 살림을 사는 일이나, 회사를 경영하는 일이나, 인생을 살아가는 일이나 모든 것에 가장 우선하는 것은 참되고 바른 견해다. 이 일에 대하여 진정 견해를 가졌다면 천하를 횡행하여도 겁날 것이 없다. 부질없는 사람들의 되지 못한 말에 놀아날 까닭이 없기 때문이다. 참선을 하고, 간경을 하고, 기도를 하고, 육바라밀을 닦아야 성불할 수 있다는 도깨비의 혼이 붙어 귀신 씻나락 까먹는 것과 같은 소리를 하는 것에 홀리지 않기 때문이다. 아무런 일이 없는 사람이 귀인이다. 귀인은 부처님이요, 조사다. 참사람이다. 다만, 허위 조작하지 말고 평상심으로 살아라. 그렇게 하려면 자기 자신 외에 밖을 향해서 치닫지 말라. 밖을 향해 치달으며 찾은 부처는 모두가 명자名字에 불과하다.

이 단락에서 중요한 구절은 "무사시귀인無事是貴人, 단막조작 지시평상 但莫造作 祇是平常"이다. 꼭 알아두라.

"그대들은 바깥을 향해서 허둥대고 찾으려 하는 그 사람을 아는가? 시방 삼세의 부처님과 조사님들이 세상에 오신 것은 오로지 법을 구하기 위함이다. 지금 여기에 참여하여 도를 배우는 사람들도 또한 다만 법을 구하기 위함이다. 그래서 법을 얻어야 끝낼 수 있다. 법을 얻지 못하면 여전히 지옥·아귀·축생·천도·아수라[혹 인도]의 다섯 갈래의 길에 떨어져 윤회하게 된다."

무엇이 법인가? 법이란 마음의 법이다. 마음의 법은 형상이 없어서 온 시방법계를 관통하고 있어서 눈앞에 그대로 작용하고 있다. 그런데 사람들이 그러한 사실을 철저하게 믿지 못하고서 다만 명칭을 오인하고 글귀를 오인해서 문자 속에서 구하고 있다. 불법을 생각으로 헤아려 이해하려고 하니 하늘과 땅의 차이로 멀리 달라져 버렸다.

🏮 해설 _ 그대들은 부처를 찾으려고 밖을 향해서 허둥대는 그대 자신을 아는가? 찾는 그 사람이 곧 찾을 사람이다. 우리가 부처를 찾는데 어려움이 있다면 바로 이 점이다. 찾는 그 사람이 곧 찾을 사람이라는 사실이다. 그러므로 찾지 않고 그대로 있으면 될 것을 언제부터인가 이미 찾아 나서서 허둥대고 있다.

모든 부처님과 조사들이 이 세상에 오신 것은 오로지 법을 구하기 위해서다. 모든 수행자들도 마찬가지다. 불법이란 마음의 법이다. 마음의 법은 형상이 없다. 온 시방에 꽉 차 있다. 그래서 바로 눈앞에서 환하게 쓰고 있다.

그런데 법을 구하기 위해서 수행하면서도 눈앞에 있는 그것을 구하지 못하는 것은 지금 목전에서 쓰고 있는 그것이 법이라는 사실을 믿지 않기 때문이다. 즉, 구하고 있는 그 일, 그 사람이 곧 법인데도 말이다. 참으로 통탄할 노릇이다. 가슴이 터질 노릇이다. 너무 가까이 있어서인가? 가까이 있기 때문에 찾지 못한다는 것은 또 무슨 이유인가? 중생들은 참으로 이유도 많다. 진짜를 버리고 문자 속에서 가짜를 찾아다닌다. 그렇게 하면 저 하늘 멀리 아득해지리라. 십만 팔천 리로 멀어지리라.

옛날 구법승들은 산을 넘고 물을 건너 중국으로 인도로 숱한 고난을 겪으면서 법을 구하러 갔었다. 가서 돌아오지도 못하고 객사한 사람도 부지기수다. 법이란 마음의 법이고, 마음의 법이란 그대 자신이다. 한 걸음도 옮길 필요가 없다. 스스로를 깨닫고, 스스로를 증득하는 것, 그 것이 불조가 법을 구하는 수행이다. 자신의 마음을 깨닫고, 자신의 마음을 증득하는 것이 참다운 수행이다.

원효元曉 스님과 의상義湘 스님이 함께 법을 구하려고 중국으로 가다가 원효는 해골바가지의 물을 마시고 마음의 법을 깨달았다. 그리고는 구법求法의 행각行脚을 끝냈다. 그렇게 쉽고 간단한 것이다. 몽둥이 하나로 심법心法을 보여준 사람도 있다. 한 소리 고함으로 심법을 보여준 사람도 있다. 손가락 하나로 심법을 보여준 사람도 있다.

새벽의 별을 보고 심법을 깨달은 사람이 있었다. 꽃을 들어 보인 것을 보고 심법임을 알고 미소 지은 사람도 있었다. 어느 봄날 복사꽃이 핀 것을 보고 심법을 깨달은 사람도 있었다. 경전을 읽는 소리 한 마디에 심법을 깨달은 사람도 있었다. 변소를 가다가 눈에 미끄러져서 심법을 깨달은 사람도 있었다. 참으로 별의별 일기일경一機一境과 일언일구一言一句에서 심법을 깨달은 사람들이 있었다.

다시 한 번 생각할 구절은 법자시심법法者是心法. 심법무형 통관시방心法無形 通貫十方. 목전현용 인신불급目前現用 人信不及이다.

모든 것이면서 모든 것이 아니다

"도를 배우는 벗들이여! 산승의 설법은 무슨 법을 설하는 가? 심지법心地法을 설한다. 그래서 범부에게도 들어가고, 성인에게도 들어가며, 깨끗한 곳에도 들어가고, 더러운 곳에도 들어가며, 진제眞諦에도 들어가고, 속제俗諦에도 들어간다. 중요한 것은 그대들의 진眞·속俗·범凡·성聖이 아니면서 모든 진·속·범·성으로 더불어 이름을 붙여 준다. 그러나 진·속·범·성이 이 사람[참사람,心]에게 그런 이름을 붙일 수는 없다."

해설 _ 임제 스님의 설법을 가만히 살펴보면 그 종지가 무위진인無位眞人이며, 일심一心이다. 그 일심이란 이 세상 모든 것이 다 될 수 있다. 그래서 곳곳에 다 들어간다. 그러나 그 일심은 일심대로 있다. 모든 것이 다 될 수 있고, 모든 곳에 다 들어간다고 해서 결코 뒤섞여 분별이 없는 것은 아니다. 참사람은 차별이 없이 가만히 있는데 온갖 이름들을 다 붙여 차별된 사람을 만든다. 설사 진·속·범·성이 뚜렷하게 존재한다 하더라도 그 사람에게는 그런 진·속·범·성의 이름을 붙일 수는 없다. 그는 처음부터 그렇게 규정지을 수 있는 존재가 아니다. 그러므로 변화무쌍한 세상의 차별상을 보지 말고 차별 없는 진짜 사람을 보라. 금 불상이나 금 돼지를 보지 말고 금을 보라는 말이다. 전단 나무로 중생의 모습과 불보살의 모습과 동물의 모습으로 천만 가지 형상을 조각하지만, 그 나무의 향기를 맡아보면 모두가 전단향의 향기가 난다는 사실을 알아야 한다.

그러므로 임제 스님의 마음은 언제나 오늘 이 순간 보고 듣는 분명한 이 사람이다. 일체 진·속·범·성의 차별은 없다. 이 단락의 중요한 구절은 **심지법**心地法 이다. 보살계를 설하는 내용도 심지 법문이 그 종지宗旨가 된다. 불교는 마음을 빼 버리면 아무것도 없다. 삼라만상과 일체만유는 모두가 이 마음이 만든 것이다. 삼계가 오직 마음이다[三界唯心].

쓰게 되면 곧 쓴다

"도를 배우는 벗들이여! 잡으면 그대로 쓸 뿐 다시 무슨 이름을 붙이지 말아야 한다. 그것을 일컬어 깊은 뜻[玄旨]이라고 한다. 나의 법문은 천하의 누구와도 같지 않다.

가령, 문수보살, 보현보살이 바로 눈앞에서 각각 한 몸을 나타내어 '스님께 묻습니다.'라고 법을 물으려고 하면 나는 벌써 알아버린다.

노승이 그저 편안히 앉아 있는데 어떤 수행자가 찾아와 나를 만날 때도 나는 다 알아차린다. 어째서 그런가? 그것은 나의 견해가 다른 사람들과 달라서 밖으로는 범부와 성인을 취하지 않고 안으로는 근본 자리에도 머무르지 않는다. 견해가 철저해서 다시는 의심하거나 잘못되지 않기 때문이다."

해설 _ 잡으면 그대로 쓸 뿐 다시 무슨 이름을 붙일 필요가 없다. 보게 되면 보고, 듣게 되면 들을 뿐이다. 그 듣고 보고 하는 것을 달리 이름 붙일 것이 아니다. 보는 것인가 하면 듣는 것이다. 듣는 것인가 하면 손으로 잡는 것이다. 잡는 것인가 하면 어느새 걷는 것이다. 이것을 부처·조사·보리·열반·진여·불성·자성·법성 등등이라고 구태여 옳지도 않은 이름을 붙일 것이 아니다. 쓸 일이 있으면 그대로 쓸 뿐이다.

또 임제 스님은 자신의 뛰어난 안목을 당당하게 말씀하신다. 문수보살, 보현보살이 오더라도 그들의 경지를 다 알아보며, 어떤 수행자가 오더라도 역시 그들의 경지를 다 알아본다. 그 까닭은 견해가 다르기 때문이다. 범부니 성인이니 하는 차별상에 떨어져 있지 않고, 그렇다고 근본자리에 머물러 있는 것도 아니다. 어떤 경지에도 자신을 매어두지 않기 때문에 어떤 경지의 사람이 오더라도 다 적응하여 간파하기 때문이다. 달리 표현하면 임제 스님의 견해는 없다. 없는 견해이기 때문에 모든 견해에 적응하여 다 상대하여 알아본다는 것이다.

파득변용把得便用이 중요한 말이다.

수처작주隨處作主하라

임제 스님이 대중들에게 말씀하셨다.

"도를 배우는 벗들이여! 불법은 애써 공을 들여서 하는 것이 아니다. 그저 평상대로 아무 일 없는 것이다. 똥 싸고 오줌 누며, 옷 입고 밥 먹으며, 피곤하면 눕는 것이다. 어리석은 사람들은 나를 비웃겠지만 지혜로운 이는 알 것이다. 옛사람이 말하기를 '자신 밖을 향해서 공부하는 사람은 모두가 어리석고 고집스러운 놈들이다.' 라고 하였다."

해설 _ 우리나라 스님들은 임제 가풍을 너무 좋아한 나머지 사람이 죽었을 때 영결사나 조사나 추모사를 하는 자리에서도 '할' 을 한다. 임제 가풍을 쓰고 싶어 몸살이 난 사람들이다. 몸살이 나지 않고서야 간절히 애도를 해야 하는 자리에서 그 같은 '할' 을 할 수 있겠는가? 큰스님들의 영결식에 가서 보면 얼마든지 만나는 광경이다. 그런데 그 외의 불교에는 실로 거품이 너무 많다. 위와 같은 임제 스님의 올곧은 가르침은 어디 갔는가? 위의 글에서 불교가 무엇이라고 했는가? "불교는 애써서 공을 들여가며 공부하는 것이 아니다. 그저 평상대로 일없이 인연 따라 살면 된다. 똥 싸고 오줌 누며, 옷 입고 밥 먹으며, 피곤하면 눕는 것이다."라고 했다.

이제는 공연히 쉬운 불교를 어렵게 만들지 말고 정통 불교로 돌아가서 이와 같이 쉽게 가르쳐야 한다. 이것이 불교의 지름길이다. 성불의 지름길이다. 옛사람도 "자신 밖을 향해서 공부하는 사람은 모두가 어리석고 고집스러운 놈들이다."라고 하지 않았는가? 이제는 불교의 거품을 모두 걷어내고 바른 불교, 쉬운 불교, 간단한 불교로 가야 한다. 참으로 옛것이 새로운 것이다. 한국불교가 기왕 임제 스님의 법을 이어받았다면 이 『임제록』으로써 한국불교 개혁의 선언서로 삼았으면 한다.

기억해 두어야 할 구절이다. 불법무용공처 지시평상무사佛法無用功處祇是平常無事. 불교를 아주 쉽고 편안하게 하는 가르침이다.

"그대들이 어디를 가나 주인이 된다면 서 있는 곳마다 그대로가 모두 참된 것이 된다. 어떤 경계가 다가온다 하여도 끄달리지 않을 것이다. 설령 묵은 습기와 무간 지옥에 들어갈 다섯 가지 죄업이 있다 하더라도 저절로 해탈의 큰 바다로 변할 것이다. 요즈음 공부하는 이들은 모두 법을 모른다. 마치 양이 코를 들이대어 닿는 대로 입안으로 집어넣는 것처럼 종과 주인을 가리지 못하며, 손님인지 주인인지를 구분하지 못한다.

　이와 같은 무리는 삿된 마음으로 도[佛敎]에 들어왔다. 그러므로 이해득실과 시시비비의 번잡스런 일에 곧바로 빠져버리니 진정한 출가인이라고 이를 수 없다. 그야말로 바로 속된 사람[俗人]이다."

해설 _ 『임제록』에서 꼭 기억해 두어야 할 구절이다. 수처작주 입처개진隨處作主 立處皆眞. 인생을 살아가면서 꼭 잊지 말아야 할 구절이다. 어떤 경우에도 자신을 잃어버리지 말고, 상황에 끄달리지 말고, 주체적 인간으로 살면 무엇을 하든 그 하는 일과 그 있는 자리가 모두 진실한 진리의 삶이다. 상황과 처지에 끌려다니면서 자신을 잊어버리지 말고, 상황과 처지의 주체적 역할을 하라. 어떤 일이라도 주체적 역할을 할 때 그 일은 곧 온전한 나의 일이고, 온전한 나의 삶이다. 이것이 철저히 살고, 철저히 죽는 전기생 전기사全機生 全機死며, 대기대용大機大用의 삶이다. 실로 천고의 명언이다. 이 한마디로 임제는 저 넓은 태평양이고, 허공이다. 수미산 꼭대기고, 히말라야 정상이다. 비상비비상천非想非非想天이고, 수만 광년 저 바깥이다.

그러나 백 보 끌어내려서 이렇게 해석하면 어떨까?

"어디에 가든지 지금 있는 그곳이 바로 자신의 자리다. 그러므로 현재의 위치가 아닌, 지금과는 다른 상황에 처해 있기를 바라고 꿈꾸지 말라. 지금 있는 이 자리가 어떤 상황이든 만족하고 행복해라. 자신이 가고 싶은 곳에 초점을 맞추는 대신, 현재 자신이 있는 곳에 초점을 맞추어 행복을 누리라. 자신이 갖고 있지 않은 것에 초점을 맞추어 언제나 배고픈 아귀가 되지 말고, 자신이 갖고 있는 것에 초점을 맞추어 만족하고 넉넉하게 부자로 살아라."

수처작주 입처개진隨處作主 立處皆眞 이 되면 설사 옛날에 익힌 업장과 지옥에 들어갈 다섯 가지 죄, 즉 부모를 죽인 일이나, 성인을 죽인 일이나, 부처님의 몸을 해치거나, 청정한 승단의 화합을 깨뜨리거나 하는 따위의 죄를 지었다 하더라도 저절로 해탈의 대해에 노니는 것이 된다. 설사 인간이 저지를 수 없는 극악무도한 일을 저질렀다 하더라도 그대로 해탈이라는 뜻이다.

'어떤 상황에 있든 주인이 되라[隨處作主]'는 말은 타인으로부터 어떤 취급을 받든 자신은 거기에 흔들리지 말라는 뜻이기도 하다. 타인이 나를 때리고, 욕하고, 비방하고, 모함하고, 저주하고, 질투하고, 내 것을 빼앗아 가고, 큰 손해를 입히고, 훼방하여 큰 곤경에 처하게 하더라도 그것은 그 사람이 하는 일이고, 자신은 그것에 동요하지 않고 의연히 대처하는 것, 타인이 하는 일에 끌려가지 않고, 분노하지 않고, 자신의 본심으로 주체자가 되어 있으면 어떤 상황에서도 다 행복하다. 그것이 진정한 수처작주 입처개진隨處作主 立處皆眞 이다. 자신에게 불이익과 손해가 돌아오고, 비방이 돌아오더라도 그것을 다 받아들이고, 그것에 따라 반응할 필요는 없다. 예컨대, 손님에게 맛난 음식을 잘 차려 대접하더라도[비방과 손해를 가하더라도] 손님이 그 음식을 먹지 않으면 그 음식은 결국 음식을 차려 대접한 사람에게로 되돌아가고 만다.

그런데 요즘 공부하는 이들은 이러한 마음의 법을 알지 못한다. 마치 양이 풀이든 나무든 가시든 간에 닥치는 대로 먹어치우는 것처럼 아무 말이나 다 받아들인다. 삿된 말과 마군의 말을 잘도 받아들인다. 비방과 손해와 때리고 욕하는 일들을 잘도 받아들인다. 분별력이 전혀 없다. 방편과 진실을 전혀 가리지 못한다. 정법과 사법을 전혀 모른다. 그 말 많은 불교를 잘 변별해서 이제는 거품을 걷어내고 적확한 불교를 공부할 때다. 진정 견해가 참으로 요구되는 때다.

좀 더 부연해서 말한다면, 이런 무리들은 삿된 마음으로 불교에 들어와 있다. 이해득실과 시시비비 등등 정치적이거나 불교 외적인 것들에 열을 올리고 빠져들어 가히 박사가 되어 있다. 불교 외적인 일들을 열거하기로 하면 끝이 없다. 정치문제, 사회문제, 경제문제, 환경문제, 명성과 이익, 학위, 운동, 예술, 문필, 먹거리, 마실 거리 등등 종류도 너무 많다. 이런 것들에 정신이 빠져 있으면서 불교를 운위하는 이들이 의외로 많다. 마치 양이 코를 들이대어 닿는 대로 입안으로 집어넣는 것과 같다. 임제 스님은 이런 이들을 "참다운 출가인이라 할 수 없다. 참으로 속된 사람이며, 저질이며, 속물 그 자체다."라고 말씀하신다. 아무리 높은 예술의 경지에 올랐다 하더라도, 또는 영웅호걸의 큰 그릇이라 하더라도 불법지견佛法知見과는 차원이 다르기 때문이다.

부처도 없고 중생도 없다

"무엇이 부처인 마군입니까?"

"그대의 의심하는 그 한 생각이 바로 마군이다. 그대가 만약 만 법이 본래 태어남이 없는 이치[萬法無生]를 통달하면 마음은 환영과 같아지리라. 다시는 한 티끌 한 법도 없어서 어딜가나 청정하리니 이것이 부처다. 그러나 부처와 마군이란 깨끗함과 더러움의 두 가지 경계다. 산승의 견해에 의한다면 부처도 없고 중생도 없으며, 옛날도 없고 지금도 없어서 얻을 것은 바로 얻는다. 오랜 세월을 거치지 않는다. 닦을 것도 없고 깨칠 것도 없으며, 얻을 것도 없고 잃을 것도 없어서 모든 시간 속에서 더 이상 다른 법은 없다. 설사 이보다 더 나은 법이 있다 하더라도 나는 그것은 꿈같고 허깨비 같은 것이라고 말한다. 산승이 말하고자 하는 것은 모두 이것이다."

해설 _ 흔히 하는 말로는 '한 생각 의혹이 일어나면 곧 마군이다. 그리고 일체 삼라만상이 본래로 생멸이 없는 이치를 알아서 마음이 환화幻化와 같이 되어, 먼지 하나 일 하나 없이 텅 비어 버리면 이것이 부처다.' 라고들 한다.

그러나 임제 스님의 견해에 의한다면 부처도 중생도 없다. 예도 지금도 없다. 만약 얻을 것이 있다면 곧바로 얻는다. 시간은 필요치 않다. 노력도 필요치 않다. 참선이니, 간경이니, 기도니, 주력이니, 육도만행이니 하는 것을 통해서 얻어지는 것이 아니다. 설사 그러한 것을 통해서 얻었다손 치더라도 옛날 그대로의 그 사람일 뿐이다. 달라진 것이라고는 없다. 본래 그 사람이다. 만약 달라진다면 그것은 머리 위에 머리를 하나 더 얻는 것이다. 공연히 긁어 부스럼을 낸 것이다. 한마음이 나지 않으면 만법에 허물이 없다. 산승이 할 말은 이것이 전부다.

어느 곳에도 막히지 않는다

"도를 배우는 벗들이여! 바로 지금 눈앞에서 호젓이 밝고 역력하게 듣고 있는 이 사람은 어디를 가나 막힘이 없고 시방 세계를 꿰뚫어 삼계에 자유자재로 한다. 온갖 차별된 경계에 들어가도 그 경계에 휘말리지 않는다.

한 찰나 사이에 법계를 뚫고 들어가 부처를 만나면 부처를 말하고, 조사를 만나면 조사를 말하며, 나한을 만나면 나한을 말하고, 아귀를 만나면 아귀를 말한다. 모든 국토를 다니며 중생들을 교화하지만, 일찍이 일념을 떠난 적이 없다. 가는 곳마다 청정하여 그 빛이 시방법계에 사무쳐서 만법이 한결같다."

해설 _ 천고千古에 다시없을 법문이다. 그러나 무슨 특별하고 기상천외한 일을 밝힌 것이 아니다. 다만, 우리들 평상사이다. 모든 사람들이 매일매일 살아가는 삶의 모습을 말하고 있다. 꾸밈없고 조작 없는 삶의 모습 그대로 드러낸 말이다.

지금 우리 눈앞에 호젓이 밝고 역력하게 듣고 있는 이 사람, 천지는 오직 이 한 사람뿐이다. 만물도 오직 이 한 사람뿐이다. 이 한 사람이 능히 천지가 되고, 이 한 사람이 능히 만물이 된다. 그러면서 이 한 사람은 천지 삼라만상에 들어가 뒤섞이거나 휘말리지 않는다. 과거, 현재, 미래의 주인이요, 만법의 왕이다. 그러므로 이 사람은 부처를 만나면 부처를 말하고, 조사를 만나면 조사를 말하며, 나한을 만나면 나한을 말하고, 아귀를 만나면 아귀를 말한다. 능대능소하는 사람이다. 그러면서 한 생각을 떠난 적이 없다. 이것이 우리 보통 사람들의 일상사다. 모두 그렇게 살고 있는 모습들이다.

통관시방 삼계자재通貫十方 三界自在. 우리의 마음을 설명한 중요한 대목이다.

본래 일이 없다

"도를 배우는 벗들이여! 대장부라면 본래 아무런 일이 없는 줄을 오늘에야 알 것이다. 다만, 그대들은 믿음이 부족하여 생각생각 내달려 구하면서 자기 머리는 놔두고 다른 머리를 찾느라 스스로 쉬지를 못하는 것이다."

해설 _ 불교에서 대장부란 출가인만을 뜻하는 것이 아니다. 남자를 뜻하는 것도 아니다. 영웅호걸을 뜻하는 것도 아니다. 인생에 대한 올바른 견해를 가진 사람을 뜻한다. 인생에 대한 올바른 견해란 편견이나 변견에 사로잡히지 않은 사람이다. 흑백논리에 집착하지도 않은 사람이다. 아주 없다거나, 영원히 존재한다거나 하는 단견短見에 사로잡히지 않은 사람이다. 유·무·단·상有無斷常의 삿된 견해에서 시원스레 벗어난 사람을 말한다.

그러므로 그에게는 본래로 할 일이 없음을 안다. 닦을 것도, 깨달을 것도 처음부터 없음을 안다. 그것을 믿지 않는 사람은 열심히 자신을 두고 밖을 향해서 찾는다. 마치 자신의 머리를 두고 다른 머리를 찾는 격이다. 설사 삼아승지겁 동안 육바라밀을 닦고, 참선을 하고, 고행을 하여 머리를 찾았다 하더라도 이미 머리가 있는데 그 머리를 어디에다 쓸 것인가? 쉬어라, 쉬어. 본래로 아무런 일이 없느니라. 이렇게 하여 아무런 일이 없는 사람이 대장부니라!

본래무사本來無事. 사두멱두 자불능헐捨頭覓頭 自不能歇 . 이 단락에서 제일 중요한 말이다. 한 번 더 되새겨야 한다.

"저 원교보살 · 돈교보살[圓頓菩薩]은 법계에 들어가 몸을 나타내어 정토에 있으며 범부를 싫어하고 성인을 좋아한다. 이런 무리는 취하고 버리는 마음을 잊지 못한다. 더럽다, 깨끗하다 하는 마음이 남아 있기 때문이다. 그러나 선종의 견해는 그렇지 않다. 바로 지금 이 순간이지 달리 다른 시절이 없다.

산승이 말하는 것은 모두가 병에 따라 그때그때 약을 쓰는 일회적인 치료일 뿐이다. 실다운 법이라고는 전혀 없다. 만약 이와 같이 볼 수만 있다면 참된 출가인이다. 하루에 만 냥의 황금을 쓸 수 있을 것이다."

해 설 _ 교리에서 말하는 원교圓敎나 돈교頓敎의 대승보살들은 진리의 세계에서 몸을 나타내고, 청정한 국토에 살면서 범부는 싫어하고, 성인들만 좋아한다고 한다. 설사 그런 경계가 있다 하더라도 그런 사람들은 좋은 것을 취하고, 나쁜 것을 버리는 편견에 사로잡혀 있다. 유·무·단·상有無斷常에서 벗어난 참되고 바른 견해가 아니다. 중도정견中道正見이 아니다. 중도정견이 못되면 부처고, 보살이고, 아무것도 아니다. 모두 가설이다.

이왕 중도란 말이 나왔으니 좀 더 부연하겠다. 흔히 일체법이 공空이기 때문에 연기緣起다. 어떤 작은 물질도 홀로 존재하는 것은 아무것도 없다. 모두가 서로 의지하고, 서로 관계를 맺을 때에만 존재가 가능하다는 뜻이다. 그래서 연기이기 때문에 공이다. 연기는 곧 여래如來요, 여래는 곧 공이다. 연기이면서 공이요, 공이면서 연기인 모든 존재의 원리가 곧 중도라고 한다. 쌍차 쌍조雙遮雙照, 쌍민 쌍존雙泯雙存이다. 즉 유무, 선악의 상대적 견해를 함께 부정하고, 상대적 견해를 함께 긍정하며, 상대적 양면을 함께 수용하고, 긍정과 부정을 함께 받아들이는 것이 곧 중도다. 모든 경전과 어록들이 이 중도의 공식으로 설해졌다.

중도를 설명하는 사람들은 모두 여기까지만 말한다. 그리고 여러 가지 경전의 말씀과 어록의 글들을 이끌어 불조가 모두 중도를 말했다고 증명한다. 틀린 말은 아니다. 그러나 어쩐지 좀 부족하고 구체적이지 못하다.

그러나 영명연수永明延壽, 904-975 선사의 말씀은 매우 구체적이다. 불교인들의 일상 덕목인 육바라밀이나 불공하는 일, 불사를 짓는 일, 예불을 드리는 일 등등을 열거하며 그 일의 중도적 방향을 제시하고 있다. 예컨대, 자비를 행하되 나와 상대가 한몸이라는 사실을 알고 하라. 인연이 없는 사람에게까지 미치게 하라. 보시는 베푸는 바 없이 베풀라. 가지는 바 없이 계행을 가지라. 우리들의 육신은 없는 줄을 알고 모양을 잘 갖추라. 법은 본래 설할 것이 없음을 알고 설법하라. 절이란 물에 비친 달빛과 같이 환상이라는 사실을 잘 알고 절을 세우고 도량을 건립하라. 텅 빈 세계지만 잘 장엄하라. 환영이요, 헛것인 공양구를 부처님께 정성 다해 올려라. 그림자요, 메아리인 여래에게 공양을 올려라. 마음의 극락인 줄 알고 왕생을 발원하라. 꿈속의 불사인 줄 알고 크게 일으켜라. 모두가 그렇게 존재하는 것이므로 그렇게 알고 실천하라는 것이다. 중도의 원리로 존재하므로 중도적 원리대로 살라는 것이다. 세속적 논리로 보면 모두가 모순된 말이지만 편견에 치우치지 않는 철저히 중도적 길을 제시하고 있다.

산승의 설법은 모두가 병에 따라 약을 쓰는 것과 같다. 즉, 방편이다. 실다운 법은 하나도 없다. 그렇게 알아야 진정한 출가자의 안목이라고 할 수 있다. 그러면 하루에 만 냥의 황금을 소비하더라도 상관없다. 빚이 되지 않는다. 그러나 말을 쫓아가서 말 속에 대단한 법이라도 있는 것으로 알면 한 방울의 물도 녹이기 어렵다. "직시현금 갱무시절直是現今 更無時節"이 오늘의 공부다.

지옥 업을 짓는 것

"도를 배우는 벗들이여! 그대들은 쉽사리 제방의 노사들에게 인가를 받아 가지고 '나는 선禪을 알고 도道를 안다.'라고 지껄이지 마라. 설법이 폭포수처럼 말솜씨가 유창하다 하더라도 이는 모두 다 지옥 갈 업을 짓는 것이다. 만약 참되고 바르게 도를 배우는 이라면 세상의 허물을 찾지 않는다. 참되고 바른 견해를 구하는 일이 간절하고 급박하다. 만약 참되고 바른 견해를 통달하여 뚜렷이 밝으면 비로소 일을 마쳤다고 할 수 있을 것이다."

해설 _ 공부한 것을 인가하는 문제다. 인가를 하는 것은 요즘도 있는 일이다. 인가하는 사람은 참으로 인가할 만해서 하는지, 받는 사람도 공부가 충분히 인가를 받을 만해서 받는지 참으로 궁금하다.

언젠가 어떤 사람이 차를 마시면서 자신도 인가를 받은 지 몇 년이나 되었는데 도대체 모르겠다는 말을 하는 것을 들었다. 아무리 생각해 봐야 자신은 아무것도 아닌데 무엇을 인가했는지도 모르겠다는 것이다. 혹 인가를 받아서 선을 알고 도를 안다고 하여 설법하는 말솜씨가 폭포수 같다 하더라도 모두가 지옥에나 갈 업을 짓는 것이다. 그러나 남이야 어떻든 남의 허물을 탓할 것은 아니다. 지금 간절하고 다급한 일이 있다. 참되고 바른 견해를 구하는 일이다.

바른 견해란 무엇인가?

"할"

지금 목전에서 역력하게 "할"을 하고 "할"을 듣는 그 사람이 모든 것의 모든 것이라는 사실을 확실하게 아는 일이다. 아래에 또 자세한 말씀이 있다. 진정학도인 불구세간과眞正學道人　不求世間過. 참으로 좋은 말이다. 공부인은 꼭 명심해야 할 말이다.

실다운 법은 아무것도 없다

"무엇이 참되고 올바른 견해입니까?"

"그대들은 언제 어디서나 범부에도 들어가고, 성인에도 들어가며, 더러움에도 들어가고, 깨끗함에도 들어간다. 모든 부처님 나라에도 들어가고, 미륵의 누각에도 들어가며, 비로자나불의 법계에도 들어가서 곳곳마다 국토를 나타내며 성·주·괴·공成住壤空 을 한다."

해설 _ 임제 스님은 일심一心의 활발발한 작용이 어떤 것인가를 눈여겨보는 것이 참되고 바른 견해라고 한다. 그 일심[그대들]은 범부·성인·더러움·깨끗함 등등 온갖 곳에 다 들어간다. 즉 유무·선악의 상대적 대립관계 속에 빠져 허우적대는 것이다. 선재동자가 53 선지식을 다 친견하고 최후에 들어갔다는 미륵누각이나 비로자나법계의 높은 경지에까지도 들어간다. 일심은 곧 그 모든 것이기 때문에 들어가는 정도가 아니라 그것들을 만든다. 이 세상에 존재하는 모든 것, 특히 선악·애증·청탁 등등 온갖 대립적 관계들을 만들어 놓고 그곳에 들어가서 그 환경과 그 세계를 나타내고, 거기서 생성하고[成], 거기서 머물다가[住], 변화하고[壞], 또 사라져간다[空]. 우리의 삶은 모두 우리가 만들어 놓은 환경과 그 상황에서 이리 뒹굴고 저리 뒹굴고 하면서 출몰을 계속한다. 이것이 우리의 삶이다. 그 모두가 일심의 세계, 즉 우리 자신이라는 사실이다. 유무, 선악의 상대적인 대립을 멀리 벗어나면서, 한편으로는 그것들을 다 수용하는 중도적 삶을 암시하고 있다.

"부처님께서는 세간에 출현하시어 큰 법륜을 굴리시고 다시 열반에 드시지만, 가고 오는 모양을 볼 수가 없다. 그 자리에서는 생사를 찾아도 마침내 찾을 길 없다. 곧 무생無生 법계에 들어가 곳곳에서 국토를 노닌다. 화장세계에도 들어가 모든 법이 다 텅 비어 있어서 전혀 실다운 법이 없음을 다 본다."

해설 _ 세존이 이 세상에 오시어 태자로 살다가 향락의 삶을 버리고 출가하여 고행의 길을 걸었으며, 깨달음을 이루고는 진리의 가르침을 펴시다가 열반에 드시었다. 인류의 큰 스승으로서 누구나 다 아는 사실이다. 이렇게 역사적인 사실이 확실하지만, 그 오고 간 모습은 찾을 길이 없다. 태어나고 죽은 일을 찾아보아도 역시 찾을 길 없다. 모든 존재가 동일한, 생멸이 없는 불생불멸不生不滅의 범주 안에 있으면서 온갖 삶을 다 펼친다. 철저히 공한 진공眞空이면서 미묘 불가사의하게도 존재하는 묘유妙有의 세계인 화장세계에서 노닌다. 참으로 변화무쌍한 멋진 화장세계다.

아무리 보아도 모든 존재[諸法]는 텅 비어 공한 것[空相]이다. 실다운 것이라곤 어디에도 없다. 이 이치는 세존만이 해당하는 것이 아니다. 일체 인간과 모든 생명, 삼라만상이 동일하다. 있으면서 없고, 없으면서 있는 유무이변有無二邊 어느 것도 아니다. 이것이 모든 존재의 법칙이다. 그래서 어쩔 수 없이 우리는 모두 삼라만상과 함께 중도中道로 존재한다.

영가 스님은 "모든 것은 무상하여 일체가 공한 것, 그것이 곧 여래의 큰 깨달음이다."라고 하였다. 그래서 교리에서는 공空이 곧 연기緣起고, 연기는 곧 공이며, 여래如來, 진리라고 한다. 그러므로 일체는 곧 공이며, 연기이며, 여래[진리]다. 그러므로 우리가 지금 들고 있는 이 물잔은 이미 깨어진 것으로 보아도 좋다. 올라가는 길이 곧 내려오는 길이듯이 삶은 그대로가 죽음이다. 죽음 그대로가 삶이다.

제법공상 개무실법諸法空相 皆無實法.『반야심경』의 내용과도 같다. 『반야심경』은 우리말로 표현하면 '나는 없다'이다. 없는 것이 우리들의 삶이고 불보살의 삶이다.

"오직 법을 듣는 사람, 어디에도 의지함이 없는 도인이 모든 부처님의 어머니다. 그러므로 부처는 의지함이 없는 데서 생겨난다. 만약 의지함이 없음을 깨닫는다면 부처라는 것도 얻을 것이 없다. 만약 이와 같이 보게 된다면 이것이야말로 참되고 올바른 견해인 것이다."

 해설 _ 부처님이나 어머니나 도인이 모두 같은 의미다. 어디에도 의지함이 없이 홀로 드러나 있는 사람, 법문을 들을 줄 아는 이 사람이 모든 부처님의 어머니다. 모든 존재의 어머니다. 그래서 부처님은 어디에도 의지함이 없는 것으로부터 생겼다. 만약 어디에도 의지함이 없는 그것을 깨달으면 부처도 또한 찾을 일 없다. 만약 이와 같이 알면 그것이 참되고 올바른 견해[眞正見解]다. 무위진인無位眞人, 무의도인無依道人, 무위도인無位道人. 이 모두가 같은 뜻이다. 사람을 두고 하는 말이다. 청법무의도인 시제불지모聽法無依道人 是諸佛之母라는 구절도 익혀 두어야 할 말이다.

찾을수록 멀어진다

"도를 배우는 사람들이 그것을 알지 못하고 명칭과 글귀에 집착하여 범부니, 성인이니 하는 이름에 구애되므로 훌륭한 식견[道眼]이 막혀 분명히 알지 못하는 것이다.

다만, 저 십이분교十二分敎도 모두 이치를 보여주기 위한 설법인데 공부하는 사람들이 이를 알지 못하고 겉으로 드러난 명칭이나 글귀에서 알음알이를 낸다. 이것은 모두 무엇에 의지하고 기댄 것이라서 인과因果에 떨어지며 삼계에서 생사에 윤회함을 면하지 못할 것이다."

해설 _ 경전을 공부하고 성인의 글을 읽는 것은 매우 좋은 일이다. 사람들은 대개 자신들의 인품이 모자라고 지혜가 없기 때문에 옛 성인들이나 불조의 가르침으로써 부족한 것을 메우고 어리석음을 밝음으로 바꿔 보려 한다. 그러한 뜻으로 출발하여 경전을 공부하다가 오히려 경전의 명자나 글귀들의 장애를 입어 도道의 눈을 어둡게 하는 경우가 대부분이다.

도안무물道眼無物이라는 말이 있다. 도안으로 세상을 볼 때 그 사물에 미혹하지 않고, 있는 그대로 텅 빈 것으로 본다는 뜻이다. 경전을 보아도 이름과 글귀에 걸리지 않고, 그 말의 낙처落處를 잘 안다는 뜻이다.

불교에는 팔만대장경이라는 수많은 가르침이 있다. 이것을 달리 삼승三乘 십이분교十二分敎라고 일컫는다. 모두 이치를 밝히기 위함이다. 그런데도 모두 말에 의지하고, 명칭에 매달려 갖가지 알음알이를 다 내어 집착하고 빠진다. 중생이다 · 부처다, 생이다 · 멸이다, 선이다 · 악이다, 있다 · 없다 등등의 상대적인 편견에 떨어진다. 편견에 떨어지는 것은 곧 인과에 떨어지는 것이다. 역시 인과를 잘 알고, 인과에 미혹하지 않아야 하는데[不昧因果] 반대로 인과에 떨어지고 만다. 이렇게 되어서는 생사에 윤회함을 면할 수 없다. 그와 같은 차별적인 견해에 치우치는 일이 곧 윤회다. 그래서 집착을 떼어주기 위해서 임제 스님은 경전이나 어록들을 '똥을 닦은 휴지다.' 라는 너무나 혹독한 말씀을 하기도 한다.

사람의 삶은 유무가 아니다. 생도 멸도 아니다. 부처도 중생도 아니다. 선도 악도 아니다. 그래서 육조 혜능 스님도 첫 법문에서 불사선불사악不思善不思惡하라고 하지 않았던가. 그리고 마지막에 제자들에게 당부할 때도 서른여섯 가지의 대대待對를 제시하면서 부디 상대적 편견을 벗어나서 법을 설하라고 하지 않았던가.

"그대들이 만약 나고 죽음과 가고 머무름을 벗어나 자유롭기를 바란다면 지금 법문을 듣는 그 사람을 알도록 하여라. 이 사람은 형체도 없고, 모양도 없으며, 뿌리도 없고, 바탕도 없으며, 머무는 곳도 없다. 활발발하게 살아 움직이고, 수만 가지 상황에 맞추어 펼친다. 그러나 그와 같은 작용에도 정해진 곳이 없다. 그러므로 찾을수록 더욱 멀어지고, 구할수록 더욱 어긋난다. 그것을 일러 비밀이라고 부르는 것이다."

해설 _ 모든 인간은 불교에서 지적하는 것을 들어보면 문제들이 너무 많다. 망상과 미혹과 생사의 윤회와 무명과 삼독을 위시한 팔만 사천 번뇌와 가고 오는데 부자유한 것 등등이다. 불교공부나 수행이나 일반적 신행생활들은 모두가 바로 이러한 문제들을 해결하자고 하는 것이다. 참선과 간경과 기도와 염불과 주력 등 모든 수행이 그러한 문제해결을 위한 방편이다.

그런데 임제 스님의 가르침에 의하면 문제해결의 열쇠는 간단하다. 지금 말하고 있는 그 사람을 아는 것이 답이다. 법문을 듣는 그 사람을 알라는 것 외에 다른 방법은 없다. 그 사람은 모든 문제의 근본이기 때문이다. 문제도 그 사람에게서 일어났고, 답도 그 사람이 가지고 있다.

그리고 그 사람은 모양도 형상도 없다. 뿌리도 근본도 없다. 어디에 머무는 곳도 없다. 너무나 활발발하다. 그 사람은 세상의 온갖 삼라만상에 다 응하지만 응하여 쓰는 곳도 찾아보면 실은 없다. 그래서 그 사람은 찾을수록 더욱 멀어진다. 그 사람은 구할수록 더욱 어긋난다. 비밀이라고 말할 수밖에 없다. 아는 사람만이 알기 때문이다. 아무에게도 가르쳐 주지 않는다. 가르쳐 줄 수가 없기 때문이다.

임제 스님은 처음에 스승 황벽 스님에게 불교의 대의를 물으러 갔다가 흠씬 얻어맞았다. 그때는 몰랐으나 나중에야 그때 얻어맞은 자신이 곧 불교의 대의라는 사실을 깨달았다. 그것이 무위진인이다. 절대현재라고도 한다. 큰 기틀, 큰마음의 큰 작용, 즉 대기대용大機大用이라고도 한다. 전체작용全體作用이라고도 한다. 대기大機는 진리와 법의 인격화다. 모든 문제의 답은 이 하나다. 이 사람은 모든 것의 모든 것이기 때문이다.

불교공부의 요체며 수행의 요체인 이 식취청법저인識取聽法底人을 명심하라. 그런데 그 청법저인은 멱착전원 구지전괴覓着轉遠 求之轉乖다.

인생이 무상함을 알라

"도를 배우는 벗들이여! 그대들은 이 꿈 같고 허깨비 같은 몸뚱이를 잘못 알지 말라. 머지않아 머뭇거리는 사이에 곧 덧없음[無常,죽음]으로 돌아갈 것이다. 그대들은 이 세계 속에서 무엇을 찾아 해탈을 하겠느냐? 그저 밥 한술 찾아 먹고 누더기를 꿰매며 시간을 보내는구나. 무엇보다 중요한 것은 선지식을 찾아 참문參問하는 일이다. 그럭저럭 즐거운 일이나 좇으며 지내지 말라. 시간을 아껴라. 순간순간 덧없이 흘러가서 크게 보면 지·수·화·풍이 흩어지는 것이고, 미세하게는 생·주·이·멸生住異滅의 네 가지 변화에 쫓기고 있다.

도를 배우는 벗들이여! 지금으로서 가장 중요한 것은 네 가지 지·수·화·풍과 생·주·이·멸의 형상 없는 경계를 잘 알아서 그 경계에 휘말리지 않도록 하는 일이다."

해 설 _ 삶의 주체는 무엇인가? 이 육신이다. 육신을 근거로 해서 우리들의 삶이 이루어진다. 그런데 이 육신이란 꿈 같고 허깨비 같다. 잠깐 있다가 없어지는 것이 이 육신이다. 어제까지 아무렇지도 않던 사람이 오늘 갑자기 병이 나서 사경을 헤매는 경우가 있다. 또는 순식간에 저승의 사람이 되었다는 소식을 듣기도 한다.

그래서 인생무상의 문제를 불교처럼 철저하게 말한 종교도 없을 것이다. 불교의 출발이 세존께서 인생무상을 깨닫고, 출가하고, 고행하고, 깨달음을 성취했기 때문이다. 불교가 이 문제로부터 출발했기 때문에 불교적 수행을 하려는 모든 일은 인생무상을 느끼지 못하면 불가능하다. 인생무상을 모르고 세속적 가치에 연연하면서 불교수행을 한다는 것은 토끼의 뿔을 구하려는 일과 같고, 거북의 털을 찾는 일과 같다. 그래서 부처님과 역대 조사들은 최초일구자最初─句子나 향상사向上事를 거론하시면서도 인생무상을 자주 강조하신다. 불생불멸을 주로 거량하면서 눈앞에 보이는 현실의 제행무상을 강조하는 이유가 여기에 있다.

그러므로 수행자로서 무엇보다 중요한 것은 선지식을 찾아가서 불교를 묻고, 인생을 묻는 일이다. 시간은 사람을 기다려주지 않는다. 새싹이 돋는 것을 보고 봄인가 한 것이 어제 같은데 벌써 가을바람이 스산하다. 앞산에는 물이 들고 나뭇잎도 흩날린다. 이 글을 다시 읽을 때는 어느새 겨울의 한가운데에 와 있다. 한시바삐 선지식을 찾아야 한다. 인생을 묻고 깨달아야 한다. 실로 선지식이란 나의 스승이다. 나를 모든 깨달은 사람들의 가르침으로 인도하여 보여준다. 선지식이란 나의 안목이다. 나에게 부처님이 허공과 같음을 보여준다. 선지식이란 항구다. 나를 모든 깨달은 사람들의 연못으로 들어가게 해준다.

선지식이란 어디 있는가? 『화엄경』에서 선재동자가 53인의 선지식을 찾아다니는 것을 이야기했다. 지금으로서는 그런 선지식이 없다. 석가, 달마도 없다. 오조, 육조도 없다. 황벽, 임제도 없다. 원오, 대혜도 없다. 그러면 그런 선지식들을 어디서 만날 것인가?

3천 년 전의 부처님을 우리는 어디서 만나는가? 그가 남긴 가르침에서 만난다. 달마 대사도 그가 남긴 가르침에서 만난다. 오조 스님, 육조 스님, 황벽 스님, 임제 스님, 원오 스님, 대혜 스님도 모두 그들이 남긴 가르침에서 만난다. 지금도 생생히 살아 계신다. 부처님은 열반을 앞두고 "내가 더 이상 살아 있는들 무슨 의미가 있겠는가? 나는 나의 가르침 속에 다 있다. 나의 가르침은 곧 나다. 가르침을 의지하는 것이 곧 나를 의지하는 것이다. 더 이상 나에게서 바라지 말라."라고 하셨다.

사종四種의 무상경無相境

"무엇이 네 가지 형상이 없는 경계입니까?"

"그대들의 한 생각 의심하는 마음이 흙이 되어 가로막으며, 한 생각 애착하는 마음이 물이 되어 빠지게 하며, 한 생각 성내는 마음이 불이 되어 타게 하며, 한 생각 기뻐하는 마음이 바람이 되어 흔들리게 하는 것이다. 만약 이렇게 알아낼 수 있다면 경계에 끄달리지 않고, 가는 곳마다 경계를 활용할 것이다.

동쪽에서 나타났다가 서쪽으로 사라지고, 남쪽에서 나타났다가 북쪽으로 사라지고, 가운데서 나타났다가 가장자리로 사라지고, 가장자리에서 나타났다가 가운데로 사라진다. 땅을 밟듯 물을 밟고, 물을 밟듯 땅을 밟는다. 어째서 그런가 하면 사대육신四大肉身은 꿈과 같고, 허깨비 같은 줄 통달하였기 때문이다."

해설 _ 사람의 몸을 위시해서 물질을 형성하고 있는 네 가지 요소인 지·수·화·풍 사대四大란 무엇인가? 임제 스님의 독특한 해석이다. 의심하는 마음과 애착하는 마음과 성내는 마음과 기뻐하는 마음이다. 이것이 곧 사대를 만들었다. 이 네 가지 마음은 우리들의 한 생각에서 일어난 것이다. 한 생각 일어나기 이전으로 돌아가면 그 네 가지 마음에서 일어난 지수화풍이라는 경계도 내가 끌려다니지 않고 마음대로 자유자재로 하게 활용할 수 있다. 한 생각에서 일어난 팔만 사천 번뇌가 헛것이듯이 그 번뇌에 의해서 생긴 지수화풍과 삼라만상도 꿈과 같고, 허깨비 같은 줄 통달하였기 때문이다.

사대육신과 마음에서 일어나는 의심하고, 애착하고, 성내고, 기뻐하는 등등 인간의 감정들은 어째서 꿈과 같고, 허깨비 같은가? 아는 이야기로 하면, 나를 형성하고 있는 몸과 마음이라는 오온은 왜 허망한가? 왜 공인가? 범소유상은 왜 개시허망인가?

이 세상에 존재하는 그 어떤 것들도 홀로 독립해서 존재하는 것은 하나도 없다. 물질도 마음도 다 같다. 모두가 이것과 저것이 서로 의지해서 하나의 존재를 형성한다. 마치 두개의 갈대묶음이 서로 의지해야 서 있을 수 있듯이 물질을 이루는 가장 작은 단위인 쿼크도 끝내는 독립해서 존재하는 것이 아니고, 아직 밝혀지지 않은 다른 무엇과의 결합체이다. 이와 같이 물질이든 정신이든 모두가 서로서로 의지했을 때만 존재한다. 의지하지 않으면 존재하지 않는다. 그래서 인연생기因緣生起하는 것이다. 이것과 저것인 원인과 조건, 곧 연기에 의해서 존재한다. 그렇게 존재하는 것은 분과 초를 다투는 시한부 존재다. 시한부 존재는 존재한다고 할 수 없다. 그것을 공空이라고 한다. 어떤 감정과 어떤 물질이든 다 같다. 사랑도 미움도 본래로 공인데 시한부 인연에 의하여 한순간 존재하는 것처럼 착각을 일으킨다. 그래서 공이고, 허망이고, 무상이다. 그래서 연기가 곧 공이고, 공이 곧 연기며 연기가 곧 여래의 큰 깨달음이다[諸行無常一切空 卽是如來大圓覺]. 또 중도中道다. 이 원칙에는 부처도 중생도, 미진도 우주도, 정신도 물질도 예외일 수 없다. 하물며 생로병사와 우비고뇌이겠는가? 이와 같이 모든 존재의 실상은 공이기 때문에 공으로만 보면 모든 고통과 일체의 문제를 해결한다고 『반야심경』에서는 말하고 있다.

　몸과 마음을 텅 비어 없는 것으로 보면 "동쪽에서 나타나서 서쪽으로 사라지고, 남쪽에서 나타나서 북쪽으로 사라지고, 가운데서 나타나서 가장자리로 사라지고, 가장자리에서 나타나서 가운데로 사라진다. 땅을 밟듯 물을 밟고, 물을 밟듯 땅을 밟는다."라고 자유자재한 대해탈의 삶을 말하고 있다. 이 한 구절로 결론짓자. "사대여몽여환四大如夢如幻"

그대가 살아있는 문수다

"도를 배우는 벗들이여! 지금 법문을 듣고 있는 것은 그대들의 사대육신이 아니지만, 그대들의 사대육신을 능숙하게 활용할 줄 안다. 만약 이와 같이 볼 수만 있다면 가고 머무름에 자유자재가 될 것이다. 나의 견해에 의하면 아무것도 꺼릴 것이 없는 이치다."

해설 _ 그대들 지금 법문을 듣고 있는 사람, 그 사람은 사대육신이 아니다. 그러나 그 사람은 그 사대육신을 마음대로 능수능란하게 활용한다. 이 이치를 제대로 알면 생사에 자유롭고, 가고 옴에 자유롭다. 사대육신을 꺼려할 것이 아니다. 내 견해대로라면 허망한 사대육신이라 하더라도 하등 싫어할 것이 아니다. 사대육신에 구애받을 것이 아니고, 그 사대육신으로부터 자유로울 것이다. 왜냐하면 상相도 없고, 조작도 없고, 원하는 바도 없다. 무엇이든지 다 수용한다. 차를 만나면 차를 마시고, 밥을 만나면 밥을 먹을 뿐이기 때문이다. 이것이 진짜 불교다. 불교는 이래야 한다. 사대육신을 가지고 지금 법문을 듣고 있는 사람, 그 사람을 잘 아는 일이다. 그 자신을 두고 달리 밖을 향해 찾을 것이 아니다. 그 사람이 모든 문제해결의 답이다. 부처님과 조사들의 가르침을 팔만대장경이라 한다. 그 팔만대장경의 가르침을 한마디로 요약하여 해인사 장경각에 걸어두었다. "부처님이 원만하게 깨달으신 그 경지가 무엇인가? 지금 우리가 살아가고 있는 사실 바로 이것이다[圓覺道凉何處 現今生死卽是]."

"그대들이 성인을 좋아하지만, 성인이란 성인이라는 이름일 뿐이다. 어떤 수행하는 이들은 모두 오대산에 가서 문수보살을 친견하려 한다. 그러나 그것은 벌써 틀린 일이다. 오대산에는 문수가 없다. 문수를 알고 싶은가? 다만, 그대들의 눈앞에서 작용하는 그것, 처음과 끝이 다르지 않고, 어딜 가든지 의심할 것 없는 그것이 바로 살아 있는 문수다."

해설 _ 우선 이 말이 맞나? 틀렸나? 맞고 틀린 것은 차치하고 이러한 말씀은 자비심이 지극한 데서 나온 것이다. 대개 일이란 간절한 마음에서 생긴다. 필자의 지나친 해설도 마찬가지다. 각설하고, 불교에 신앙을 갖고 있는 사람으로서는 당연히 성인을 좋아한다. 천 불千佛 만 불萬佛을 찾고, 천 보살 만 보살을 부른다. 열광적으로 그 이름을 부르고, 천 배 만 배 절을 하는 것을 보면 참으로 인생을 걸고, 목숨을 걸고 있다. 아름답게도 보이지만 측은하게도 보인다. 성인이라고 해서 그토록 좋아하면 반대로 범부는 아주 싫어할 것이다. 선을 좋아하면 악을 싫어할 것이다. 증애심과 취사심이 그렇게 끓고 있으면 도와는 멀다. 지극한 도는 어려움이 없다. 오직 가려내고 선택하지만 말라. 다만, 증애심만 없애면 환하게 밝으리라. 성인이란 단지 성인이라는 이름뿐이다. 천 보살 만 보살, 천 불 만 불이 모두 이름뿐이다. 단지 사람이 있을 뿐이다. 부처님이 있다면 사람이 부처님이다.

앞의 임제 삼구의 설명에서도 있었다. 무착 스님뿐만 아니라 수많은 불자들이 오대산에 문수보살을 친견하러 간다. 몇 년에 걸쳐 일보일배一步一拜의 고행을 하면서 찾아간다. 하지만, 벌써 틀린 짓이다. 오대산에는 문수보살이 없다. 청천벽력같은 말씀이다. 하늘이 무너지고, 땅이 꺼지는 말씀이다. 가슴이 천 조각 만 조각 찢어지는 말씀이다. 기존의 일반적인 신앙심을 가지고 살아가는 대다수 사람들은 어쩌란 말인가? 저 넓은 바다의 끝없는 파도처럼 출렁대는 그 마음들을 어쩌란 말인가? 진실은 물과 같이 까딱도 하지 않는데…….

그대들은 정말 문수보살을 알고 싶은가? 그대들의 목전에서 지금 활용하고 있는 그것, 시간상으로 시종일관 다르지 않고 한결같은 그것, 공간적으로 어느 곳에서든지 분명하여 의심할 여지가 없는, 그래서 너무도 구체적인 그것, 추상적이거나 애매모호한 점이라고는 어디에도 찾아볼 수 없는 너무도 확실한 그 사람, 그대가 참으로 살아있는 문수보살이다. 그대가 참으로 성인이다. 그대가 참으로 부처님이다. 다시 한 번 말하면 일체처가 문수다. 삼계유심이고 만목청산滿目靑山이다.

이것이 진짜 불교다. 임제 스님만이 가르칠 수 있는 불교다. 임제 스님은 수천 년의 인류사에 떠오른 천 개의 태양이다. 수억만 가지의 방편을 다 걷어치우고 진실만 드러낸 말씀이다. 하늘땅만큼 많은 불교의 거품을 다 걷어내는 가르침이다. 온갖 이름과 모양에 목을 매고 살아가는 멀쩡한 사람들에게, 속박과 구속과 저주를 받으며 살아가는 사람들에게 이토록 시원스런 해방의 묘책을 확실하게 제시한 예는 일찍이 없었다. 이것이 진짜 불교다. 『임제록』은 인간해방의 대선언서大宣言書다. 그래서 일본의 어느 선사는 일본열도가 다 불에 타는 일이 있어도 이 『임제록』 한 권만 남아 있으면 된다고까지 하였다. 오대산 무문수五臺山 無文殊. 여기서는 이 구절을 한 번 더 생각하자. 조주 스님이 행각할 때 어떤 작은 암자에서 며칠 묵었다. 떠나면서 원주에게 하직인사를 하였다. 원주가 묻기를, "어디로 갑니까?"

"오대산으로 가서 문수보살을 친견하려고 합니다."

"그렇다면, 나에게 게송이 하나 있으니 들어보시오."

어느 청산인들 도량이 아니랴!

그런데 왜 하필 오대산에 가서 참례하려 하는가?

구름 속에 비록 문수보살이 나타나더라도

바른 안목으로 보면 좋은 것이 아니오.

[何處靑山不道場 何須策杖禮淸凉 雲中縱有金毛現 正眼觀時非吉祥]

"그대들의 한 생각 차별 없는 빛이 어디에나 두루 비치는 것이 진짜 보현보살이고, 그대들의 한 생각 마음이 스스로 결박을 풀 줄 알아서 어딜 가나 해탈하는 그것이 바로 관음보살의 삼매법이다. 서로 주인도 되고, 벗도 되어 나올 때는 한꺼번에 나오니 하나가 셋이고, 셋이 하나다. 이와 같이 알 수 있다면 비로소 경전에 설해져 있는 가르침을 잘 보는 것이다."

해설 _ 문수보살만 그렇겠는가? 보현보살과 관세음보살이 다 그렇다. 우리들의 한 마음이 어느 곳에서든지 차별 없이 빛나고 있다. 그 활동이 눈부시다. 해가 뜨고 해가 지는 것을 하나도 놓치지 않는다. 달이 지고 별이 뜨는 것을 하나도 놓치지 않고 일일이 다 살피고 감지한다. 봄이 오면 꽃이 피고, 가을이면 단풍 드는 것을 잘 느낀다. 그 사람은 어떤 상황에서도 차별 없이 작용한다. 이것이 보현보살이 아니고 또 다른 어떤 보현보살이 있겠는가?

한국의 불자들이 제일 좋아하는 관세음보살도 그렇다. 우리들의 한 마음이 스스로 능히 자신의 속박을 풀고 곳곳을 다니며 다른 사람들의 속박도 벗어주는 그러한 자비행이 관세음보살의 자비삼매다. 관음삼매란 바로 그와 같은 자리이타自利利他의 마음으로 사람들을 위한 뜨거운 사랑의 활동이다. 연민의 실천이다.

그러므로 우리들의 한 마음과 문수보살, 보현보살, 관세음보살은 셋이면서 하나고, 하나이면서 셋이다. 한 마음을 떠나서 무엇이 있겠는가? 불교의 경전을 이렇게 알아야 제대로 이해하는 것이라고 임제 스님은 지적하신다. '간경자看經者 혜안통투慧眼通透'라는 축원이 있다. 경전을 공부하는 사람들은 모름지기 경전을 보는 지혜의 눈이 환하게 열리게 해 달라는 뜻이다. 그렇지 않으면 글자나 쫓아가고, 글줄이나 헤아리는 꼴이 되고 말기 때문이다.

청매靑梅 조사의 십종무익十種無益에도 '심불반조 간경무익心不返照 看經無益'이라는 말이 있다. 모든 경전의 말씀을 우리들의 마음에 비춰 보지 않으면 경전을 읽어도 아무런 이익이 없다는 뜻이다. 모든 경전은 마음이, 마음에 의하여, 마음을 설명하는 것이기 때문이다. 마음을 떠나서 해석하면 모두 틀려버린다. 반조란 사유한다는 뜻이다. 불교인은 명상하고 사유하는 습관을 길러야 한다. 법화경에는 설법을 마치고 선정에 들어 사유하였다는 말이 있다. 경전이나 어록을 읽고 깊이 사유하는 일이 매우 중요하다. 선禪은 번역하면 사유수思惟修다.

옛날 약산藥山 화상이 『열반경』을 읽고 있었다. 학인이 물었다.

"화상께서는 평소에 학인들이 경전 읽는 것을 허락하지 않으면서 스님은 왜 보십니까?"

"나야 다만 눈을 가리고 있을 뿐이다."

"그러면 학인들도 봐도 되겠습니까?"

"안 되지. 그대들은 경을 보기를 쇠가죽을 보듯이 하므로 꼭 뚫으려고 하지 않는가."

문자에 속지 말라

스님께서 대중에게 말씀하셨다.

"오늘날 도를 배우는 사람들로서 무엇보다 중요한 것은 스스로를 믿는 것이다. 밖으로는 찾지 말라. 모두 다 저 부질없는 경계들을 받들어서 도무지 삿된 것과 바른 것을 구분하지 못하고 있다. 예컨대 조사니 부처니 하는 것은 모두 다 교학의 자취 가운데 일이다. 어떤 사람이 한마디 말을 거론하였을 때 혹 그 말의 뜻이 알려지지 않은 상태[隱顯中]에서 나온 것이라면 곧바로 의심을 내어 이리저리 온갖 생각을 다해 보며 천지를 뒤진다[照天照地]. 또 옆 사람을 찾아가 물으며 몹시 바빠서 정신없이 서둔다."

 해설 _ 사람이 사람으로 살아가는 일 중에 무엇보다 중요한

것은 자신과 함께 사람을 아는 일이다. 이 사람이라는 미묘 불가사의

한 존재에 대한 올바른 이해가 있으면 그것으로 성공한 인생이라고 할

수 있다. 하물며 도를 배운다는 입장에서는 더 말할 나위가 없다. 자신

을 상세하게 알고 그 자신을 믿는 일이 가장 중요하다. 그럼에도, 사람

들은 공연히 자신의 밖을 향해서 무엇인가 찾으려고 한다. 자신 밖의

것은 그 어떤 것도 모두가 삿된 것이다. 조사와 부처도 모두 문자 상의

이름일 뿐이다. 교학적인 표현일 뿐이다. 그것을 좇아서 얼마나 바쁘

게 찾아 헤매는가? 온 천지를 다 뒤진다[照天照地]. 하늘을 우러르고 땅

을 파면서 생각하고 또 생각하며, 궁리하고 또 궁리한다.

그 자신이란 무엇인가? 육조 혜능 스님은 처음 오조 스님에게서 『금

강경』의 "응당 머무른 바 없이 그 마음을 낼지니라."라는 말씀을 듣고

크게 깨달아 일체 만법이 저 자신의 성품을 떠나지 않은 것을 알고 이

렇게 말하였다.

"나 자신의 성품이 본래 스스로 청정함을 이제야 알았습니다.

나 자신의 성품이 본래 스스로 모든 것이 구족한 것을 이제야 알았

습니다.

나 자신의 성품이 본래 스스로 흔들림이 없음을 이제야 알았습니다.

나 자신의 성품이 본래 스스로 능히 만법을 만들어 내는 줄을 이제

야 알았습니다."

조계종曹溪宗이라고 하면 언필칭 조계산에서 터전을 닦은 육조 혜능

스님을 종조宗祖로 삼고, 육조 스님의 사상을 의지한다. 그래서 육조단

경을 교과서로 정해야 한다는 주장도 많다. 조계종이라는 이름이 그를

증명하며, 따라서 육조 스님은 조계법맥曹溪法脈의 높은 산으로 섬김을 받기 때문이다. 그 가르침을 보면 표현은 약간 달라도 그 뜻은 임제 스님과 같다. 보고 듣고 하는 우리 자신 속에 모두 갖추어져 있다는 사실이다. 그러므로 차요자신 막향외멱且要自信 莫向外覓을 잊지 말라.

"대장부라면 이렇게 주인이니 도적이니, 옳거니 그르거니, 색色이니 재물財이니 하며 쓸데없는 이야기로 세월을 보내지 말라. 산승의 이곳에는 승속을 논하지 않고 다만 찾아오는 사람이 있으면 모두 다 알아내 버리고 만다. 그들이 어디서 오든 간에 그들은 다만 소리나, 명칭이나, 문자나, 글귀만 가지고 있을 뿐이다. 그것은 모두가 꿈이나 허깨비이다."

해설 _ 불교에서 대장부란 남자를 가리키는 것은 아니다. 영웅호걸을 가리키는 것도 아니다. 의리의 사나이를 대장부라 하지도 않는다. 대장부란 양변兩邊에 떨어지지 않은 사람이다. 유무, 선악, 시비, 주객, 증애 등등의 양변을 벗어난 사람이다. 그래서 주인이니 도적이니 하는 것을 논하지 않는다. 도적에도 큰 도적, 작은 도적, 날도적이 있다. 언어나 문자의 시시비비도 논하지 않는다. 세상사의 시시비비도 논하지 않는다. 그런데 소비할 시간이 없다. 양변을 벗어나 있으면서 또 양변을 잘 활용할 줄 아는 사람이다.

예컨대 중생이 본래로 부처인 줄 알고 제도하기를 맹서하라. 번뇌가 본래 보리인 줄 알고 끊기를 맹서하라. 법문이란 본래 배울 것이 없는 줄 알고 배우기를 맹서하라. 불도란 본래 이룰 것이 없는 줄 알고 이루기를 맹서하라. 여래란 그림자와 같고, 메아리와 같은 줄 알고 정성들여 공양을 올리라. 공양구란 환영幻影이요, 헛것인 줄 알고 가득가득 고여 올려라. 죄악의 성품이 본래로 텅 비어 없는 줄 알고 백만 배 · 천만 배 절을 하며 참회하라. 부처님이란 언제나 상주불멸常住不滅하는 줄 알고 이 땅에 오래오래 계시기를 청하라. 육바라밀도 허공 꽃과 같이 본래로 없는 줄 알고 열심히 실천하라. 모든 존재가 텅 비어 없는 줄 알고 씩씩하게 열심히 살라. 이렇게 사는 사람이 대장부다. 불교인이다. 중도中道가 무엇인지 아는 사람이다.

이처럼 모든 존재는 본래의 모습이 어느 한 쪽으로 치우쳐 존재하는 것이 아니기에 벗어나라고 하는 것이다. 존재의 법칙인 중도에 맞게 살라는 것이다. 그래서 그와 같은 치우친 소견으로 부질없이 세월을 보내지 말라는 것이다.

임제 스님은 자신의 입장에서 보면 승속을 막론하고 찾아오는 사람들의 속을 훤하게 들여다본다. 어디서 무엇을 하고 살았더라도 그들의 살림살이는 소리와 이름과 문자에 불과하다. 그런 것은 참으로 하찮은 것들이다. 소리와 이름과 문자들을 어디에 쓸 것인가? 모두가 꿈과 같이 허망하고 허깨비와 같은 가짜들이다. 그런 가짜들을 한 걸망씩 지고 재산인 양한다. 애석하고 안타깝고 불쌍할 뿐이다. 부디 문자에 속지 말라. 성명문구 개시몽환聲名文句가 皆是夢幻이니라.

사람에 따라 모습을 나타낸다

"다시 경계를 부리는[사용하는] 사람들을 보니 여기에는 모든 부처님의 깊은 뜻이 드러나 있다. 부처님의 경지는 '나는 부처의 경지다.'라고 스스로 말하는 것이 아니다. 어디에도 의지함이 없는 무의도인無依道人이 경계를 활용하면서 나타난다.

만약 어떤 사람이 와서 나에게 부처가 되는 길을 묻는다면 나는 즉시 청정한 경지에 맞추어서 대해 준다. 어떤 사람이 나에게 보살을 묻는다면 나는 곧 자비의 경지에 맞추어서 대해 준다. 또 어떤 사람이 보리를 묻는다면 나는 곧 깨끗하고 오묘한 경지에 맞추어서 대해 준다. 또 어떤 사람이 열반을 묻는다면 나는 곧 고요한 경지에 맞추어서 대해 준다. 경계는 수만 가지로 차별하지만, 사람은 차별이 없다. 그러므로 사람에 응하여 형상을 나타내는 것은 마치 물속에 비친 달과 같다."

해 설 _ 불교에서는 자신이 아닌 다른 것을 모두 경계라고 한다. 보통 사람들의 삶은 하루 종일 자신이 아닌 다른 것에 이끌려 사는 것이 일반적이다. 여기저기 온갖 것에 종속되어 사는 것이 습관화되어 어디에든 매이지 않으면 사는 것 같지 않다. 공허하고 허전함을 느껴서 몸 둘 바를 모른다. 어디엔가 매여야만 사람으로서 사는 것 같음을 느낀다. 사람이나, 텔레비전이나, 전화나, 무슨 일거리나, 독서나 무엇에든지 매이고 싶어 한다. 그래서 경계들로부터 부림을 당한다.

그런데 경계에 끄달리지 않고 도리어 경계를 부리면서 사는 사람들이 있다. 깨달은 사람들의 깊고 오묘한 삶이 그곳에 있다. 조주 스님이 시간에 제약을 받지 않고, 시간을 마음대로 부리면서 살았듯이. 부처님의 경계라 하더라도 스스로 부처님의 경계라고 하지 않는다. 단지 어디에도 의지하지 않고 끄달리지 않은 사람無依道人일 뿐이다. 오히려 경계를 능동적으로 부리는 사람이다.

그래서 임제 스님은 "만약 어떤 사람이 와서 나에게 부처가 되는 길을 묻는다면 나는 즉시 청정한 경지에 맞추어서 대해 준다."라고 한다. 그것은 곧 부처의 경계를 보여 준다는 뜻이다. "또 어떤 사람이 나에게 보살을 묻는다면 나는 곧 자비의 경지에 맞추어서 대해 준다."라고 한다. 그것은 곧 보살의 자비를 바로 보여준다는 뜻이다. 경계에 끄달리지 않고 능히 경계를 부리는 사람의 표본이다. 경계는 수만 가지지만 사람은 하나다. 마치 하늘의 달은 하나지만 물이 있는 곳에는 모두 그 물의 상태에 따라 달이 비치듯이 오는 사람의 정도에 맞춰서 그 모습을 나타낸다.

임제 스님의 응물현형 여수중월應物現形 如水中月하는 것이 오늘의
공부다.

대장부라야 된다

"도를 배우는 벗들이여!

그대들이 만약 여법如法하고자 한다면 반드시 대장부라야 비로소 할 수 있다. 만약 시들시들하고 나약하게 흐느적거려서는 안 된다. 깨어진 그릇에는 제호醍醐 같은 좋은 음식을 담을 수 없기 때문이다. 예컨대 큰 그릇이라면 다른 사람의 미혹을 받지 않고, 어딜 가나 주인이 되어 그가 선 자리 그대로가 모두 참다운 삶이 된다."

해설 _ 이 단락을 부연하면 이렇다. 불교의 문에 드나드는 사람들은 많다. 그러나 진정한 불교인은 드물다. 불교 공부를 아무나 하는 것은 아니다. 또 공부를 한다고 해서 아무나 이해하는 것은 아니다. 여법한 불교인이 되려면 먼저 세속적 명리名利를 초개같이 보아야 한다. 세상사, 인생사가 모두 무상한 줄 알고 허망하다는 생각을 해야한다. 나아가서 있다 · 없다, 선이다 · 악이다 라고 하는 편견에 떨어져서도 안 된다. 그것은 모두 세속적 안목이다. 세속적 가치관을 가지고행복을 추구하는 사람은 불교인이 아니다. 또 하나 결단력과 용기가있어야 한다. 나약하거나 비실비실해서는 불교를 제대로 체득할 수 없다. 조사스님들은 무쇠로 지어 만든 사람, 또는 쇠말뚝 같은 사람이어야 한다고 했다.

　다른 사람들의 이런저런 주장에 미혹되어서도 안 된다. 명예와 이익과 칭찬에 좌우되어서도 안 된다. 정직해야 한다. 의롭고 떳떳하게 행동해야 한다. 어디를 가나 당당한 주인이 되어 그가 선 자리가 그대로참되고 진실한 삶이어야 한다. 더럽고 깨진 그릇에는 좋은 음식을 담을 수가 없다. 빼어난 훌륭한 그릇이어야 한다. 그를 대장부라 한다. 불교의 문에 드나들면서 입으로 불교를 운위한다고 해서 다 불교인이라고 할 수는 없다. 머리를 깎고 중의 모습을 하고 있다고 해서 불교인이라고 할 수도 없다. 세상에서 칭송받는 의인義人이나 영웅호걸보다도더욱 빼어난 사람이 불교인이다. 여기서 다시 한 번 해야 할 공부는, 남에게 속지 마라. 불수인혹不受人惑. 그리고 어디서든지 주인으로 살라.수처작주隨處作主. 그리하면 그대 선 곳이 모두가 참된 삶이리라. 입처개진立處皆眞.

"다만, 찾아오는 사람이 있더라도 모두 받아들이지 말라. 그대들이 한 생각 의심하면 곧 마魔가 마음속으로 들어온다. 만약 보살이라도 의심을 내면 생사의 마군이 그 틈을 얻게 된다. 다만, 생각을 쉬기만 하면 된다. 다시 바깥으로 구하지 말라. 사람이 다가오면 오는 대로 곧 비춰 보라."

해설 _ 날아오는 공을 다 받을 필요는 없다. 걸려오는 전화를 다 받을 필요는 없다. 부탁하는 일이라고 다 할 것은 없다. 찾아오는 사람들을 일일이 다 받아들일 일은 아니다. 수많은 번뇌 중에서 의심하는 번뇌도 큰 번뇌에 속한다. 만약 그대들이 한 생각 의혹이 생기면 그 순간 마군이 마음속에 자리하게 된다. 경전에도 보살이 의혹이 생기면 본래 생사가 없는 데서 곧 생사의 마군이 그 틈을 엿보아 침입하게 된다고 했다. 자주 말씀하시는 불수인혹不受人惑이다. 다른 사람들의 의혹[속임]을 받아들이지 말라는 것이다.

다만, 한 생각 쉬어버려라. 한 생각 쉬어버리고 다시는 밖을 향해서 찾지 말라. 사람이 오거나, 사물을 대하거나, 일이 벌어지거나, 그냥 가만히 비춰보라는 것이다.

"그대들이 지금 바로 작용하는 이것을 믿기만 하면 아무런 일이 없다. 그대들의 한 생각 마음이 삼계를 만들어내고 인연을 따라 경계에 끄달려서 육진경계로 나누어진다. 그대들이 지금 응하여 쓰는 그곳에서 무슨 모자람이 있겠는가?

한 찰나 사이에 깨끗한 국토에도 들어가고, 더러운 국토에도 들어가며, 미륵의 누각에도 들어가고, 삼안국토三眼國土에도 들어가서 곳곳을 다니지만, 오직 텅 빈 이름뿐이다."

해설 _ 아마도 임제 스님이 가장 많이 말씀하시는 것이라 여겨진다. 지금 곧 사용하고 있는 것, 법문을 듣고 있는 그 사람, 그 사람을 믿고 알면 아무런 일이 없다. 일생의 일을 끝낸 사람이다. 그 사람이 모든 것의 근본이며 모든 것이 그 사람에게로 돌아온다는 사실을 믿는 일이 무엇보다 중요하다. 그런데 공연히 그대들 한 생각이 욕계와 색계와 무색계를 만들어 낸다. 그리고는 그들의 경계에 이끌리면서 또다시 여섯 가지의 경계를 만들어 낸다.

다시 한 번 생각해 보자. 그대들이 지금 모든 상황에 맞추어 활용하고 있는 그 사실에서 부족한 것이 무엇인가? 아무것도 부족함이 없지 않은가? 비가 오면 비가 오는 줄 알고, 날씨가 개이면 개인 줄 알고, 추우면 추운 줄 알고, 더우면 더운 줄 알고, 피곤하면 쉴 줄 알고, 배고프면 밥을 찾아 먹을 줄 알지 않는가? 더 이상 무엇이 필요한가? 팔만 사천 신통묘용이며 무량대복이 아닌가?

이 사람은 한 찰나 사이에 청정한 곳에도 들어가고, 더러운 곳에도 들어가고, 인간이 이르러 갈 수 있는 최고의 경지인 미륵누각에도 들어가고, 삼안국토三眼國土에도 들어간다. 이렇게 곳곳을 흘러다니지만, 그것들은 헛된 이름뿐이다. 존재하는 것은 오직 그 한 사람, 지금 목전에서 활발발하게 작용하는 그 한 사람뿐이다. 다시 복습할 말이 있다. 이여금응용용처 흠소십마偏如今應用處 欠少什麼.

마음 밖에 법이 없다

"무엇이 삼안국토입니까?"

"나는 그대들과 함께 청정하고 미묘한 국토에 들어가 청정한 옷을 입고 법신불을 설한다. 또 차별 없는 국토에 들어가 차별 없는 옷을 입고 보신불을 설한다. 또 해탈국토에 들어가 광명의 옷을 입고 화신불을 설한다. 이 삼안국토란 모두가 무엇에 의지하여 변화하는 것이다. 교학자教學者들은 법신을 근본으로 하고 보신과 화신을 그 작용이라 하지만 산승이 보기에는 법신도 설법을 할 줄 모른다. 그러므로 옛사람이 말하기를 '몸이란 의미에 입각하여 말하고, 국토란 본체에 근거해서 논한다.'라고 하였다.

이렇게 법성신과 법성토는 건립되어진 법이고, 무엇에 의지해야만 통하는 국토임을 분명히 알 수 있다. 빈주먹과 누런

잎사귀로 어린아이들을 속이는 것이다. 찔레 가시와 마른 뼈다귀에서 무슨 국물을 찾겠는가? 마음 밖에는 법이 없고, 마음 안에서도 얻을 바가 없는데 무엇을 찾겠는가?"

🏮 **해설** _ 삼안국토를 임제 스님은 법ㆍ보ㆍ화 삼신으로 해석하였다. 그 삼신은 모두 무엇에 의지하여 변화한 것이다. 그 삼신을 설명할 때는 삼신이 갖는 의미에 알맞은 모습을 나타내서 설한다고 하였다. 교리에서는 법신을 근본으로 보지만 임제 스님은 법신마저 지엽으로 본다. 근본은 지금 이 순간 법을 듣는 그 사람이다. 그 사람 그 마음에 의지해서 나타난 것들이다. 그래서 법신도, 보신도, 화신도 모두 법문을 들을 줄을 모른다고 했다.

몸을 이야기하면 그 몸이 의지하는 국토가 따라서 있게 마련이다. 그러므로 몸이니 국토니 하는 것은 모두가 조작으로 건립된 것이고 무엇엔가 의지해야만 성립되는 존재들이다. 모두 가짜다. 내용은 아무것도 없다. 마치 어린아이들에게 빈주먹을 보이고 주먹 안에 무엇이 있는 것처럼 속이는 것과 같다. 또 단풍이 든 나뭇잎을 돈이라고 속이는 것과 같은데 그것들이 무슨 진실이 있겠는가? 교학에서 아무리 높고 높은 경지를 말한다 해도 그것들은 모두다 도무지 실다운 것이 없는 가짜들이다. 죽은 말들이다. 전혀 생명력이 없다. 그래서 '바짝 마른 찔레가시와 마른 뼈다귀에서 무슨 국물이 나오겠는가?'라는 상당히 혹독한 표현을 하여 우리를 경각 시킨다. 대단히 강한 처방으로 병을 다스린다. 참으로 기가 막히는 말이다. 여기서 눈을 뜨지 못한다면 우리는 언제 어디 가서 눈을 뜨랴!

　마음 밖에 법이 없다. 마음 안에도 얻을 것이 없다. 어디서 무엇을 찾겠는가? 마음은 공적空寂한 것으로 그 체를 삼는다. 어찌 보면 허허롭지만 한편 너무도 시원하다. 마음이 있는 것이라고 생각해도 틀린다. 없는 것이라고 생각해도 또한 틀린다. 있기도 하고 없기도 하면서 있는 것도 아니고 또한 없는 것도 아니다. 있고 없음의 양변兩邊, 偏見을 초월해야 조금 가깝다고 할 수 있다. 그런데 무슨 법신이니, 보신이니, 화신이니 하는가? 모두가 일심에서 벌어진 것이다. 심외무법 내역불가득心外無法 內亦不可得이다.

수행이란 업을 짓는 일이다

"그대들이 제방에서 닦을 것도 있고 깨칠 것도 있다고 말하는데 착각하지 마라. 설령 닦아서 얻는 것이 있다 하더라도 그것은 모두가 생사의 업이다. 그대들은 육도만행을 빠짐없이 닦는다고 하지만 내가 보기에는 모두 업을 짓는 일이다. 그러므로 부처를 구하고 법을 구하는 것은 지옥의 업을 짓는 것이고, 보살을 구하는 것도 업을 짓는 것이며, 경을 보거나 가르침을 듣는 것도 또한 업을 짓는 것이다. 부처와 조사는 바로 일없는 사람이다. 그러므로 부처와 조사에게는 억지가 있고 조작이 있는 유루유위有漏有爲와 조작 없이 저절로 그러한 무루무위無漏無爲가 다 청정한 업이 된다."

 해설 _ 불교 역사에서 임제 스님 등 몇몇만 빼고는 모두 수행을 강조한다. 열심히 닦아야 깨달음이 있다고 하여 별의별 수행을 다 권한다. 참선, 염불, 간경, 주문, 육바라밀, 몸을 불사르고 절을 하는 것 등등이다. 그러나 임제 스님은 위와 같이 수행해서 깨닫는다는 것을 잘못 알고 있다고 한다. 수행이 전혀 필요 없는 일이라고 한다. 놀라운 말씀이다. 설사 수행을 해서 무엇인가 얻는 것이 있다손 치더라도 그것은 모두가 생사의 업이 될 뿐이고, 생사해탈을 위한 수행이 도리어 생사 속으로 빠져드는 길이란다. 육도만행을 빠짐없이 닦는 일도 다 업을 짓는 일이란다.

불교는 성불이 목적이라고 하는데 부처를 구하고, 법을 구하는 일이 모두 지옥의 업을 짓는 것이라고 한다. 구하는 그 사람이 곧 부처인데 그 사람을 버리고 따로 구하니 지옥 업이 될 수밖에 없다. 보살이 되기 위한 일도, 경을 보거나 법문을 듣는 일도 모두가 업을 짓는 일이란다.

영가 스님도 "부처가 되기 위해서 공덕을 베푸는 것은 부처 될 기약이 없는 일이다."라고 하였다. 본래로 닦아 깨닫는 부처란 없다[無修證佛]. 닦아서 점차적으로 되는 부처도 없다[無漸次佛]. 사다리 타듯이 한 계단 한 계단 올라가서 히말라야 산에라도 올라가자는 것인가.

위와 같은 가르침과 주장이 불교의 수많은 다른 가르침이나 주장보다 우선하기에 우리나라의 훌륭한 큰스님들이 모두 임제 스님의 법을 이었노라고 자랑한다. 위와 같은 임제 스님의 사상을 이어받지 않으면 불교를 제대로 아는 사람이라고 인정하지 않는다. 위와 같은 사상이 불교의 바른 사상이고 진짜 불교다.

그렇다면, 부처란 무엇인가? 일없는 사람이다. 일없는 사람이 부처인데 무슨 업을 그리 많이 짓는가. 일이 없는 사람인 줄 알고 나면 그 때에 가서는 조작이 있는 짓이나 조작이 없는 짓이나 모두가 업이라 할 것도 없는 청정한 업이 된다. 텅 빈[청정한] 업이 된다. 양변을 떠나 있으니 유무, 선악, 생멸 어디에 있어도 그는 이제 상관없는 사람이다. 변견에 있어도 변견이 아니고, 편견에 있어도 편견이 아니다. 양변을 떠났으되 양변에 다 조화를 이루며 산다. 그래서 산은 다만 산이고, 물은 다만 물일뿐이다.

구불구법 즉시조지옥업求佛求法 卽是造地獄業. 촌철살인의 말씀이다. 깊이깊이 사유하라.

"어떤 눈멀고 머리 깎은 사람들이 밥을 배불리 먹고 나서 곧 좌선하거나 관법을 하되 생각이 새어나가는 것을 꽉 붙들 어 달아나지 못하게 한다. 또 시끄러운 것을 싫어하고 조용한 것만을 찾는데 이것은 다 외도의 법이다. 조사께서 말씀하시 기를 '그대들이 만약 마음을 안주시켜 고요함을 보고, 마음을 일으켜 밖으로 관조하며, 마음을 가다듬어 안으로 맑히며, 마 음을 한 곳으로 모아 정定에 든다면 이러한 것들은 모두가 조 작이다.'라고 하셨다."

해설 _ 좌선을 하고 관법을 수행하는 스님들을 비하해서 눈멀고 머리 깎은 사람들이라고 한다. 그들은 마음이 한 곳에 집중되어 있지 않고 꾸준히 새어나가는 것을 붙잡아서 더 이상 일어나지 않도록 한다. 또는 시끄러운 것을 매우 싫어하고 조용한 것을 좋아하는 편견에 떨어져 있다. 그래서 좌선하는 사람들은 선방 부근에서 떠드는 소리가 들리거나 일을 하는 소리가 들리면 기겁을 한다. 잡아먹을 듯이 화를 낸다. 또한, 생각을 가라앉히거나, 한 곳에 집중하거나, 숨을 쉬는 것에 예의주시하거나, 자신의 행위를 하나하나 관찰하고 주시하는 따위의 수행을 하는 자도 있다. 이런 것은 불교가 아닌 외도外道의 법이라고 매도한다. 불교에서 가장 심한 욕이 불자를 외도라고 부르는 것이다. 임제 스님은 그와 같은 공부를 하는 사람을 사람으로 취급을 하지 않는다. 그리고 또 조사 스님의 말을 인용하여 그따위 공부는 모두 조작이며 가짜라고 한다.

마음을 안주시켜 고요히 하는 것이 공부라면 일상생활에서 피치 못할 일, 즉 밥을 먹고 대소변을 보고 하는 일을 할 때는 공부가 아니지 않은가? 또 마음을 일으켜 밖을 비춰 보거나, 마음을 가다듬어 안으로 맑히는 것이 공부라면 그렇게 하지 않을 때는 또 무엇이라고 하는가? 또 마음을 한 곳에 모아 선정에 드는 것이 공부라면 선정에 들지 않고 옷을 입거나 목욕을 하거나 할 때는 역시 공부가 아닌 것이다. 공부가 그렇게 간단이 있고 틈이 있으면 그것을 어찌 출세간의 공부라 할 것인가? 도가道家에서도 "도란 한순간도 떠나 있는 것이 아니다. 만약 한 순간이라도 떠나 있으면 도가 아니다."라고 하였다. 도교의 도道도 이렇거늘 하물며 불교의 법이겠는가?

공부의 바른길을 이렇게 확실하고도 명확하게 밝혔다. 최상의 수행을 한다고 하면서 길을 잘못 든 사람이 비일비재하다. 천 원짜리 물건을 하나 사면서도 진짜인지 가짜인지를 살피는데 인생을 걸고 도를 닦는 일을 소홀히 할 수는 없다. 살피고 또 살피며 경계하고 또 경계해야 할 일이다. 무엇이 진짜인지, 무엇이 가짜인지를 잘 가려야 한다. 그래서 정법正法을 찾아야 한다. 여시지류 개시조작如是之流 皆是造作. 조작이 아닌 것이 불교다.

"그대들은 지금 이렇게 법문을 듣는 그 사람을 어떻게 그를 닦고, 어떻게 그를 증득하며, 어떻게 그를 장엄하려 하는가? 그것은 닦을 물건이 아니며 장엄할 수 있는 물건도 아니다. 만약 그것을 장엄할 수 있다면 무엇이든지 다 장엄할 수 있을 것이니 그대들은 잘못 알지 마라."

해설 _ 이 사람은 본래로 완전무결하여 더 이상 닦을 것이 없다. 내 주머니 속에 있는 물건이라 달리 어디서 가져올 일이 아니다. 너무나 잘 생겨서 더 이상 장엄하거나 꾸밀 것이 아니다. 꾸미거나 화장을 하면 오히려 더 추해진다. 닦거나 꾸미거나 장엄을 하면 마치 머리 위에 다시 머리를 하나 더 올려놓아서 멀쩡한 사람을 요귀로 만드는 격이 된다. 그 사람은 닦고 꾸미고 할 수 있는 사람이 아니다. 그런

일이 붙을 수가 없다. 그 사람이 보고 듣고 하는 일이란 그저 버드나무
는 푸르고, 꽃은 붉은 도리이다.

　만약 그 사람을 장엄한다면 이 세상에 있는 모든 것을 장엄할 수 있
으리라. '꽃은 화사하게 피어 있고 새는 아름답게 지저귄다. 산은 산대
로 물은 물대로 각각 완연하다.' 라는 표현이 있다. 사람사람이 본래로
구족하였고, 개개가 원만하게 이루어져 있는데 달리 무슨 장엄이 필요
하겠는가? 또 저 산하대지를 어떻게 장엄하려고 하는가? 제발 그르치
지 말라.

사자후 일성에 뇌가 찢어진다

"도를 배우는 벗들이여! 그대들은 어떤 노스님들의 설법을 듣고 그것이 참된 도라고 여긴다. 이러한 선지식은 불가사의 하다고 하면서 '나는 범부의 마음이니 감히 그 노스님의 뜻을 헤아려 볼 수 없다.'라고 한다. 이 눈멀고 어리석은 사람아! 그대들의 일생을 이러한 견해에 사로잡혀 멀쩡한 두 눈을 막 아버리고 산다. 추워서 벌벌 떠는 모습이 마치 빙판 위를 걸어 가는 당나귀 새끼 같구나. 그리고 말하기를 '나는 감히 선지식 을 비방하지 못한다. 입으로 짓는 업이 두렵다.'라고 하니라."

🏮 해설 _ 불자들은 스님의 모습을 하고 있기만 하면 젊든 늙 든 무조건 믿고 따르는 경향이 있다. 하물며 주지 스님, 노스님, 큰스님 이라고 하면 거의 맹목적으로 그들의 말을 믿는다. 좀 알려진 큰스님

이라고 하면 그를 믿는 것은 거의 절대적이고, 특별한 차원에 살고 있는 것으로 맹신한다. 그래서 그의 말은 어떤 말이든지 다 옳다고 생각하고 전전긍긍하면서 감히 비판할 생각을 갖지 못한다. 참으로 큰 문제가 아닐 수 없다. 마치 한 사람의 맹인이 많은 맹인을 이끌고 위험한 길을 가는 격이다. '악지식惡知識을 비판하고 꾸짖을 수 있어야 비로소 불조의 은혜를 갚을 수 있다.' 는 말이 있다. 자신의 확실한 소신을 가진 이라면 정법을 위해서 큰스님도 비판하고, 도인도 꾸짖을 수 있어야 한다. 맹목적으로 따르는 것보다는 차라리 그것이 위하는 길이다.

"도를 배우는 벗들이여! 큰 선지식이라야 비로소 부처와 조사를 비방할 수 있고 천하의 선지식들을 옳다 그르다 할 수 있다. 그리고 경 · 율 · 논 삼장三藏의 가르침을 배척할 수도 있으며, 어린애 같은 모든 무리들을 꾸짖을 수 있다. 거슬리고 순종하는 경계 속에서 사람을 찾을 수 있다. 그러므로 나는 12년 동안 업의 성품을 찾았는데 겨자씨만큼도 찾을 수 없었다."

🏮 해설 _ 진짜 큰 선지식이라야 비로소 부처님을 훼방하고 조사님을 훼방할 수 있다. 천하 선지식들의 법을 시비할 수 있다. 또 부처님이 설한 경과 율과 논을 그르다고 배척하고 비판할 수 있다. 역행逆行이나 순행順行을 자유롭게 저지르면서 그 가운데서 좀 사람다운

사람을 찾는다. 따뜻한 자비의 손길로 어루만지기도 하고 매섭게 꾸짖기도 하며 불같이 화를 내기도 한다. 모두가 학인들의 눈을 열어주기 위함이다. 솥을 아홉 번이나 걸게 했다는 구정九鼎 조사도 있었다.

부처와 조사를 훼방하고 삼장을 배척하면 일반적으로는 큰 죄업을 짓는다고 한다. 당연하다. 어찌 함부로 부처님을 훼방하랴? 큰 죄업을 짓는 일이다. 하지만, 임제 스님의 경우는 전혀 다르다. 스스로 말하기를 "나는 오랜 세월동안[12년] 업의 성품을 아무리 찾아야 찾을 길 없었다. 겨자씨만큼도 찾을 수 없었다."라고 하였다. 마음이 텅 빈 자리에 있기 때문이다. 우리들의 『천수경』에도 "죄업이란 자성이 없다. 다만, 마음으로부터 일어나는 것, 마음을 비우면 죄업도 없다."라고 하였다. 임제 스님은 늘 그와 같은 경지에 있기 때문에 죄업이란 있을 수 없다. 일체 업성業性이 공空인 자리에서 생활한다. 한없이 당당하다. 하늘을 찌를 기상과 자존심이 있다. 수천만 불조佛祖가 한꺼번에 와서 질문을 하고 법을 거량하더라도 눈 하나 깜빡이지 않는다.

비바시불毗婆尸佛의 게송이 좋아서 소개한다.

몸이란 형상이 없는 곳으로부터 태어났다.
마치 요술쟁이가 여러 가지 형상을 만든 것과 같다.
요술쟁이가 만든 사람은 본래 마음이 없으며
죄도 복도 모두 공하여 머무는 곳이 없다.

[身從無相中受生 猶如幻出諸形象 幻人心識本來無 罪福皆空無所住]

"만약 새색시 같은 선사라면 절에서 쫓겨나서 밥을 얻어먹지 못할까 두려워하고 불안해한다. 그러나 예로부터 뛰어난 선사는 가는 곳마다 사람들이 믿지 않아 쫓겨났다. 그리고 나중에야 비로소 귀한 사람인 줄 알았다. 만약 가는 곳마다 사람들이 인정해 준다면, 이런 사람이 무슨 쓸모가 있겠는가? 그러므로 한 번의 사자후에 여우의 머리통이 찢어지는 것이다."

해설 _ 새색시같이 이제 막 조실이 된 선사가 있다. 새색시는 남편의 눈치도 시어머니의 눈치도 살펴야 한다. 시어머니 같은 대중들의 눈치를 살피지 않을 수 없다. 혹시라도 말을 잘못했다가는 선원에서 축출당한다. 밥을 굶을지 몰라 불안하기 이를 데 없다. 그렇게 되면 개망신이다. 그래서 새색시 같은 선사라 한다. 대개가 그와 같은 선지식들이다. 소신도 없지만 그나마 대중들에게 아부하는 경우도 있다고 한다.

하지만, 옛 선배 중에는 가는 곳마다 사람들이 믿어주지 않고 선원에서 축출을 당한 예가 있다. 대중들도 축출하고 나서야 그가 참으로 훌륭한 선지식이라는 사실을 알게 되는 경우가 있다. 달마 대사가 그 좋은 예다. 그가 만약 양나라에서 쫓겨나지 않았다면 그의 성과가 오늘에 이를 수 있었겠는가? 만약 훌륭한 선지식을 가는 곳마다 알아준다면 그 또한 무슨 의미가 있겠는가? 유사한 예로 오늘날의 불교도 정법 正法을 거론하는 데는 파리가 날린다. 하지만, 삿된 가르침이나 불교가 아닌 행사에는 사람들이 넘쳐난다. 그래서 진정으로 정법에 소신을 가지고 법을 펴는 사람들은 매우 외롭다. 하지만, 남들이 알아주지 않더라도 섭섭해하거나 외로워하지 않는다면 그 또한 의인군자가 아닌가!

임제 스님은 아무것도 두려워하지 않는다. 할 말은 당당하게 한다. 그래서 임제 가풍을 청천벽력이라고 한다. 청천벽력 같은 기상천외의 사자후 일성에 자질구레한 불교 상식으로 재산을 삼고 있는 사람들은 뇌가 찢어지거나 기절하고 만다. 지금까지의 법문이 기존의 불교 상식과는 전혀 다른 놀라운 말씀들이 많았다. 아마도 뇌가 찢어지거나 기절한 사람들이 많았을 것이다. 그렇지 않으면 혀를 내둘렀을 것이다. 그것도 아니라면 이것은 불교가 아니라고 책을 던져버렸을 것이다.

최상의 근기는 최상승법을 들으면 기쁜 마음으로 곧바로 받아들인다. 중간 근기는 과연 그러한가 아닌가 하고 망설인다. 그러나 소인배 하근기는 비웃어 버린다. 소인배 하근기가 비웃지 않으면 족히 최상의 도가 되지 못한다. 사자일후 야간뇌열師子一吼 野干腦裂. 사유해 볼만한 구절이다.

평상심이 도다

　　"도를 배우는 벗들이여! 제방의 선지식들이 말하기를 도를 닦을 것이 있고 법을 깨칠 것이 있다고 하는데, 그대들은 무슨 법을 깨치며 무슨 도를 닦는다고 말하는가?

　　그대들이 지금 쓰고 있는 것에서 무슨 모자람이 있으며, 어떤 점을 닦고 보완한다는 것인가? 못난 후학들이 잘 모르고 이들 여우와 도깨비들을 믿어서 그들의 말과 행동을 받아들인다. 그리고는 다른 사람들까지 얽어매어 말하기를 '이치와 행이 서로 부합하고 삼업三業을 잘 보호하고 지켜야만 비로소 성불할 수 있다.'라고 한다. 이와 같이 말하는 자들은 봄날의 가랑비처럼 많다."

 해설 _ 천 번 만 번 말하지만, 제방의 선지식들은 모두 닦을 것이 있고, 증득할 것이 있다고 한다. 요즘 불교를 말하는 사람들은 더욱 그렇다. 세상이 이처럼 발달하고 불교도 이제 알 만큼 알 건만 그래도 한결같이 닦을 것이 있고, 증득할 것이 있다고들 한다. 그래서 곳곳에서 닦는다고들 야단이다. 그래도 지금까지 닦아서 얻었다는 사람은 한 사람도 나오지 않는다. 본래로 완전한 것을 다시 닦은들 무엇이 달라질 것이 있겠는가? 부처가 무슨 조각 작품도 아니고, 한 점 한 점 그려가는 그림도 아니다. 과거의 수많은 부처님과 조사들을 살펴보라. 무엇이 달라진 것이 있는가? 본래 그 사람이다. 처음부터 완전무결한 존재다. 그것은 그들만 그런 것이 아니다. 사람사람들이 본래로 갖춘 것이고 개개인이 완전무결하게 이루어져 있는 것이다.

지금 우리가 쓰고 있는, 잘 보고, 잘 듣고, 잘 느끼고, 잘 아는 이것 외에 또 무엇이 있는가? 모자라는 것이 무엇인가? 신통묘용이고 무량대복인 것을. 방거사도 말하지 않았던가, 신통묘용이 물을 길어오고 땔나무를 해오는 일이라고. 이치와 행이 잘 부합하고 삼업을 잘 보호하여야 성불할 수 있다는 주장들이 저 봄날의 가랑비처럼 많다. 이치와 행이 잘 부합하고 삼업을 잘 보호하여야 불에 타지 않던가? 물에 빠지지 않던가? 그것을 부처라고 하는가? 천 번 만 번 외쳐도 더 외쳐야 할 말이다. 그래서 임제 스님은 끊임없이 외치고 있다.

이금용처 흠소십마 儞今應用處 欠少什麼. 너무 좋은 말이다. 길어서 어려우면 '흠소십마'만 외우라.

"옛사람이 이르기를, '길에서 도를 아는 사람을 만나거든, 무엇보다 도에 대해서 말하지 말라.'라고 하였다. 그러므로 말하기를, '만약 누구라도 도를 닦으면 도는 행하여지지 않고 도리어 수만 가지의 삿된 경계들이 다투어 생겨난다. 지혜의 칼을 뽑아들면 아무것도 없다. 밝은 것이 나타나기 전에 어두운 것이 밝아진다.'라고 하였다. 그러므로 또 옛사람이 말하기를, '평상의 마음이 바로 도道다.'라고 한 것이다."

해설 _ 이 단락에는 아주 중요한 옛사람의 말 세 가지를 인용하고 있다.

먼저 도를 아는 사람을 만나거든 도에 대해서 말하지 말라. 도란 본래 언급할 것이 아니기 때문이다. 임제 스님은 상당 첫 법문에서 "산승이 오늘 어쩔 수 없이 인정에 따라서 겨우 이 자리에 올랐으나 만일 조사들이 면면히 이어온 전통에 입각하여 큰일을 드날려 본다면 곧바로 입을 열 수가 없다. 또 그대들이 발붙일 곳도 없다."라고 하였다. 입을 열기 전에 이미 틀려버린다. 그러니 부디 세상이 돌아가는 얘기나 할지언정 도에 대해서 말하지 말라.

또 이런 말도 인용하였다. "도를 닦는다면 도는 행해지지 않고 온갖 삿된 경계가 다투어 일어난다." 천 번 만 번 강조하지만 도는 닦는 것이 아니기 때문이다. 지혜로 비춰보면 부처도 없고, 조사도 없고, 중생도, 범부도, 아무것도 없다. 번뇌무명이 곧 불성이고, 허망한 이 육신이 곧 여래 법신이기 때문이다. 달리 어두운 것을 보내고 나서 밝은 것이 나타나는 것이 아니다. 밝은 것과 어두운 것이 둘이 아니다. 하나다. 한번 시험해보라. 어두운 방에 문을 꼭꼭 닫고 전기 스위치를 올려서 불을 밝혀보라. 어두운 것이 그대로 밝은 것이다. 어두운 것이 어디로 빠져나가지도 않는다. 나갈 틈도 시간도 없다. 그런데 곧바로 밝아진다. 전혀 시간이 걸리는 것도 아니다. 어두운 그대로가 밝은 것이다.

그래서 또 인용하시기를, "굳이 도를 말한다면, 평상의 마음이 그대로 도다." 천고의 명언이다. 달리 무엇을 논할 것인가? 무엇을 닦고 무엇을 깨달을 것인가? 여기에서 치구심馳求心을 쉬어야 한다. 부처는 불상을 조각하듯이 만들어지는 것이 아니다. 사랑하고, 미워하고, 기뻐하고, 슬퍼하는 평상의 그 마음 그대로 도다. 즉심시불卽心是佛. 현재이 마음 이대로 부처다. 불교는 알고 보면 매우 간단하고 쉽다. 복잡하게 설명하는 것은 이미 불교가 아니다.

평상심시도平常心是道. 만고의 명언이다. 이 한마디만 알면 불교공부 끝이다. 서툰 글씨로라도 하나 써서 걸어두자.

그 마음 그대로 살아있는 할아버지다

"대덕아! 무엇을 찾느냐? 지금 바로 눈앞에 법문을 듣는 그 사람, 아무것도 의지하지 않은 무의도인無依道人은 너무도 분명하고 결코 부족한 것이 없다. 그대들이 만약 할아버지 부처님[祖佛]과 다르지 않기를 바란다면 다만 이와 같이 보면 된다. 의심하여 그르치지 말라. 그대들의 순간순간의 마음이 다르지 않음을 일러 살아있는 할아버지[活祖]라 한다. 마음이 만약 다르면 성품과 형상이 다르게 되지만 마음이 다르지 않기 때문에 성품과 형상이 다르지 않다."

해설 _ 완벽한 자신을 두고 더 이상 무엇을 찾아 헤매는가? 지금 눈앞에서 법문하는 것을 듣는, 아무것에도 의지함이 없는 그 사람은 너무도 분명하다. 이렇게 말을 하고, 글을 쓴다. 참으로 명명백백하다. 이것보다 더 확실하고 분명한 것은 없다. 조금도 모자라는 것이 없다. 여러분이 만약 부처나 조사가 되고 싶다면 이 사람을 부처나 조사로 알아라. 언제나 한결같은 그 마음이 곧 살아있는 할아버지, 즉 조사다.

달라지지 아니하고 언제나 한결같은 마음이란 마음의 공적한 자리다. 하루 종일 써도 쓴 흔적이 없는 그 자리다. 화도 내고, 웃기도 하고 울기도 하고, 사랑도 하고, 미워도 하고, 보기도 하고, 듣기도 하지만, 그 나온 자리는 언제나 텅 비어 있다. 희로애락喜怒哀樂과 생로병사生老病死가 모두 그 자리다. 성공도 실패도, 영광도 오욕도 모두 그 자리다. 마치 물이 흐르기도 하고 멈추기도 하고, 얼기도 하고 수증기가 되기도 하고, 흐리기도 하고 맑기도 하지만, 젖는 습성濕性은 변함이 없는 것과 같다. 알고 보면 본래 다르지 않다.

『신심명信心銘』에도 "마음이 만약 달라지지 않으면 만법이 한결같다."라고 하였지만 알고 보면 본래로 다르지 않다. 성품과 형상을 달리 보지만 실은 같은 것이다. 체가 곧 용이고, 용이 곧 체다. 몸이 몸짓을 하기 때문에 몸과 몸짓은 둘이 아니다. 몸은 체고, 몸짓은 작용이다. 편의상 몸과 몸짓을 나누어 말하고, 물과 물결을 나누어 말하고, 체와 용을 나누어 말하고, 성과 상을 나누어 말할 뿐이다. 오늘의 공부는 심심불이 명지활조心心不異 名之活祖다.

구하는 것이 있으면 괴롭다

"무엇이 순간순간의 마음이 다르지 않은 경계입니까?"

"그대들이 물으려 하는 순간 벌써 달라져 버린 것이니 성품과 형상이 각각으로 나누어졌다.

도를 배우는 벗들이여! 착각하지 마라.

세간이나 출세간의 모든 법은 다 자성이 없으며, 또한 생멸의 성품도 없다. 그저 허망한 이름뿐이며 그 이름을 쓴 글자도 또한 텅 빈 것이다. 그대들은 이처럼 그 부질없는 이름을 진실한 것으로 알고 있으니 매우 잘못된 것이다.

설사 그러한 것들이 있다 하더라도 모두가 의지해서 변화한 경계들이다. 이른바 보리의 의지와 열반의 의지와 해탈의 의지와 세 가지 불신의 의지와 경계와 지혜의 의지와 보살의 의지와 부처의 의지 등이다."

해 설 _ 앞의 단락에서 마음과 마음이 다르지 아니한 것을 살아있는 할아버지라고 하였다. 그렇다면, 어떤 것이 마음과 마음이 다르지 않은 것인가? 이렇게 묻고자 할 때 이미 달라져 버렸다. 성품과 형상도 이미 나누어졌다. 한 생각 일어나기 이전 소식이다. 한 생각 일어나면 벌써 천 가지, 만 가지 생각이 일어나고 삼라만상이 벌어진 것이다. 잘 살펴야 한다. 착각하기 쉬운 대목이다.

세간이나 출세간의 법이 다 허망하다. 실로 제행이 무상하다. 모든 것이 생기고는 없어지고, 없어지고는 다시 생기는 인연에 의한 연기의 작용이다. 연기는 공이다. 공이기 때문에 또한 연기한다. 모든 존재는 이 원리대로 존재한다. 우주만유가 이 원칙을 벗어나서 존재하는 것은 아무것도 없다. 그러므로 헛된 이름뿐이다. 이름이라는 글자조차 텅 비어 없다. 부질없는 이름을 진실한 것으로 아는 것은 참으로 잘못된 것이다. 부처나 중생이나, 성인이나 범부나, 생로병사나 상락아정常樂我淨이나, 세간법과 출세간법이 모두 공이요, 연기다. 독립된 자성으로서의 실체가 없다.

그래서 이 존재의 원리인 '오온이 모두 공한 줄 알면 일체 문제가 다 해결이다.' 라고 밤낮 외우고 있다. 고통으로 인하여 숨이 끊어지고, 끊어졌다가는 다시 이어지고, 이어졌다가는 다시 끊어지고 하는 이와 같은 아픔도 모두가 공이다. 공이기 때문에 행복도 불행도 아니다. 설사 경전에서 말한 이런저런 것들이 있다손 치더라도 그것들은 다 이 한 생각에 의지하여 변화된 가상의 경계들이다. 보리니, 열반이니, 해탈이니, 법신·보신·화신이니, 경계니, 지혜니, 보살이니, 부처니 하는 이름들이 얼마나 훌륭하고, 아름답고, 성스럽고 위대한가! 그 훌륭하고, 성스럽고, 위대한 이름들은 모두 이 한 생각에 의지하여 변화한 헛된 가상의 경계요, 이름일 뿐이다.

보리·열반·해탈·법신·보신·화신·경계·지혜·보살·부처 등등의 주옥같은 이름들, 다이아몬드처럼 빛나는 이름들, 이런 것들을 가상이요, 허상이요, 이름뿐이라고 하기엔 너무도 소중하다. 그동안 믿고 의지하고 살아왔는데 실은 가슴을 칼로 도려내는 아픔이다. 믿고 싶지가 않다. 그 동안 공을 들인 것이 너무도 아깝다[前功可惜]. 그렇다고 삼을 짊어지고 금을 버릴 수[擔麻棄金]도 없는 노릇이다. 이것이 솔직한 심정이다. 하지만, 어쩌랴, 이 가르침이 진짜 불교며 우리 한국불교의 전통인 것을. 이 가르침이 정통 불교인 것을. 역대 조사들이 이런 가르침에 매혹되어 임제 스님을 꿈에도 못 잊는다. 모두가 임제 스님의 법을 계승했노라고 자랑하지 않는가!

"그대들은 의지하여 변한 국토에서 무엇을 찾고 있느냐? 삼승 십이분교마저도 모두가 똥을 닦아낸 휴지다. 부처란 허깨비로 나타난 몸이며, 조사란 늙은 비구인데 그대들은 어머니가 낳아 주신 진짜의 몸이 있지 않은가? 그대들이 만약 부처를 구하면 부처라는 마군魔群에게 붙잡히고, 조사를 구하면 조사라는 마군에게 묶이게 된다. 그대들이 만약 구하는 것이 있으면 모두가 고통이니 아무런 일도 없느니만 못하니라."

해설 _ 임제 스님의 말씀은 점입가경을 넘어서 더 이상 나아갈 데가 없는 곳까지 왔다. 막가자는 막말이다. 정말 마지막 말이다. 어찌 이렇게까지 표현할 수 있는가?

그대들은 진짜가 아닌 가짜로 만들어진 세상에서 무엇을 찾으려는가? 보리·열반·해탈·법신·보신·화신·경계·지혜·보살·부처 등등은 말할 것도 없고 부처님의 살림살이라고 할 수 있는 일생의 가르침인 삼승 십이분교는 모두 똥을 닦는 휴지다. 『임제록』도 예외는 아니다. 부처님은 허깨비고, 조사란 늙은 비구다. 그런데 그대들에게는 어머니가 낳아준 진짜가 있지 않은가? 그것을 두고 다시 무엇을 찾는가?

여기서 할 말은 다 했다. 이 몸 당체가 곧 살아있는 부처요, 조사다. 아무리 찾아봐야 그 이상은 없다. 여러분이 허망하다고 말하는 이 육신, 즉 환화공신幻化空身이 곧 여래법신이다. 만약 그대들이 그것을 두고 부처를 찾으면 부처라는 마군에게 붙잡히고, 조사를 구하면 조사라는 마군에게 묶이게 된다. 구하는 것이 있으면 다 괴롭다. 아무런 일이 없는 것만 같지 못하다.

유구개고 불여무사有求皆苦 不如無事라는 유명한 말을 남겼다. 하근기 소인들은 『임제록』에서 이 한 마디만 건져도 훌륭하다. 평생의 양식은 된다. 공연히 창업한다고 퇴직금 날리고 전세금까지 날리지 말라. 집에서 청소하면서 마음 청소도 하고, 빨래하면서 마음 빨래만 해도 크게 버는 일이다. 즐거움이란 구하지 않는 즐거움보다 더한 즐거움은 없다. 본래 더 구할 것이 없다. 다 갖추어져 있다. 억만장자다. 세세생생 써도 다 못쓴다. 더 이상 무엇을 구하는가?

형상 없는 것이 참 형상이다

"어떤 머리 깎은 비구가 있어서 학인들을 향해 말하기를, '부처님은 최고 궁극적인 경지이니 삼대 아승지겁 동안 수행하여 그 결과가 다 채워져서 비로소 도를 이룬 것이다.'라고 한다.

도를 배우는 벗들이여! 그대들이 만약 부처를 최고 궁극적인 경지라 한다면 어찌하여 부처님께서 80년 후에 쿠시나가라 성의 사라쌍수 사이에서 옆으로 누워 돌아가셨는가? 그리고 부처님은 지금 어디에 계시는가? 우리들의 생사와 다르지 않다는 것을 분명히 알리라. 그대들은 32상과 80종호가 부처님이라고 하는데, 그렇다면 전륜성왕도 마땅히 여래이어야 할 것이다. 그것은 환영이고 허깨비임을 분명히 알리라."

 해설 _ 머리 깎은 중들만 부처님을 최고 궁극의 경지라고 생각하는 것이 아니라 모든 불자들이 다 그렇게 생각한다. 스스로만 그렇게 생각하는 것이 아니라 다른 사람들에게도 그렇게 말한다. 오랜 세월 동안 수행을 한 뒤 불과佛果가 원만하고 나서 비로소 성도成道를 하였다고 여긴다. 이야기가 더해지고 또 더해지고 해서 별의별 방편의 말이 다 생겨났다.

실제로 있는 것은 모든 사람이 다 같은 밥을 먹고 잠을 자는 그 사람이 있을 뿐이다. 참으로 혼자만 최고 궁극의 경지에 있다면 왜 우리와 같이 80세에 돌아가셨는가? 지금은 어디에 있는가? 지수화풍 네 가지 요소가 뿔뿔이 다 흩어지지 않았는가? 또한 잘 생긴 모습을 가지고 부처님이라고 한다면 부처님같이 잘 생긴 전륜성왕도 부처님이라 불러야 하는가? 이런 이치는 이미 『금강경』에서 부처님 스스로도 밝힌 바 있다. 그도 저도 아니라면 여러분이 최고라고 주장하는 그 부처님은 결국 아무것도 아니지 않은가.

그렇다. 그냥 사람일 뿐이다. 보고 듣고 하는 사람일 뿐이다. 이 세상에서 최고고, 제일이고, 가장 위대한 존재가 있다면 그것은 사람일 뿐이다. 사람이 부처님이다. 어떤 특별한 사람이 아니라 모든 사람이 다 부처님이다. 사람이 최고 궁극의 경지에 있다. 그래서 필자는 평생 인불사상人佛思想을 펼치고 있다. 그러므로 반드시 사람을 부처님으로 받들어 섬겨야 한다. 사람을 부처님으로 받들어 섬기면 그도 행복하고 나도 행복하다. 온 세상 사람들이 모두 행복하다. 사람을 부처님으로 받들어 섬기며 사는 길 외에 다른 길은 없다.

"옛사람이 이르기를, '여래가 갖추신 몸의 모습은 세상의 인정을 따른 것이다. 사람들이 아무것도 없다는 단견을 갖게 될까 봐 염려하시어 방편으로 세운 헛된 이름이다. 32상은 거짓 이름이고 80종호도 헛소리다. 몸이란 깨달음의 본체가 아니며, 형상 없음이 진실한 형상이다.' 라고 하였다."

해설 _ 임제 스님은 앞에서는 『금강경』을 인용하였고, 여기서는 다시 고인古人의 말씀을 인용하여 당신의 주장을 보완하고 있다. 부대사傅大士가 『금강경』을 해설하면서 하신 말씀이다. 여래의 모습은 세상 사람들의 뜻을 따른 것이다. 실은 있는 것도 아니고, 없는 것도 아닌 것을 세상 사람들은 잠깐 있으면 영원히 있는 것으로 착각하고, 없으면 영원히 없는 것으로 착각한다. 있고 없는 양변에 잘 떨어지고, 잘 집착하는 것이 중생들의 속성이다. 여래가 있고 없음뿐만 아니라 일상생활에서의 선과 악에도 잘 집착한다. 자신만의 기준과 틀을 만들어 놓고 일체를 그 기준에 맞춰 본다. 그런 편견을 통해서 다른 사람이 나에게 어기고 순종하는 것을 살핀다. 자신도 어기거나 순종한다. 그래서 평생을 미워하고 애착하여 취하고 버리는 일로 인생을 삼는다. 병이다. 모두가 환자다. 중환자다. 이런 상황에서 어찌 부처님을 바로 알 수 있겠는가?

몸은 깨달음의 본체가 아니다. 형상이 없는 것이 진실한 형상이다. 모든 형상에서 형상이 없음을 보아야 여래를 본다. 엑스레이적 안목을 가져라. 세상만사 보기를 마치 홀로그램 보듯이 하라. 홀로그램에 나

타난 영상과 하나도 다를 바 없다. 차를 마시기 위해서 들고 있는 유리
잔이 이미 깨어진 것이라고 보며 사용하라.

땅으로 걸어다니는 신통

"그대들이 '부처님께서는 여섯 가지 신통이 있으시니 참으로 불가사의하다.'라고 하는데, 여러 천신들과 신선과 아수라와 힘센 귀신들도 역시 신통이 있다. 이들도 마땅히 부처님이겠구나. 도를 배우는 벗들이여! 착각하지 마라. 아수라들이 제석 천신들과 싸우다 지게 되면 팔만 사천의 권속들을 거느리고 연근 뿌리의 구멍 속으로 들어가 숨는다 하니, 이들도 성인이라 해야 하지 않겠는가? 내가 예를 든 것은 모두가 업의 신통이거나 의지한 신통들이다."

해 설 _ 불교에는 신통이라는 말이 심심치 않게 등장한다. 부처님의 위대함도 이 신통이 있다는 조건으로 훌륭한 분이라고 생각하는 경우가 있다. 여기서 사람들이 생각하는 신통이란 요즘말로 하면

초능력 같은 경우다. 해리포터에 나오는 마법魔法과 같은 것을 뜻한다. 아수라와 제석천신들이 싸우는 이야기는 해리포터의 마법 그대로다.

부처님의 제자 중에는 목련 존자가 신통제일이라는 칭송을 받는다. 그런데 부처님은 어느 날 목련 존자에게 신통은 정도正道가 아니니 쓰지 말라고 당부한 적이 있다. 그래서 목련 존자는 신통이 뛰어났음에도 불구하고 외도外道들로부터 구타를 당해서 열반하였다고 한다. 『임제록』에서 보인 바와 같이 설사 그와 같은 능력이 있다 하더라도 그런 일은 비정상적인 것이다. 장려할 바가 아니다. 그런 능력으로써 부처님이라고 한다면 그것은 외도의 소견이다.

방거사龐居士의 말씀에 "신통과 묘용이란 물을 길어 오고 땔나무를 해오는 일이다."라고 하였다. 이것이 참 신통이다. 비가 오면 빗소리를 듣고, 날이 개면 화창한 날씨를 감상하는 일, 즐거운 일이 있으면 즐거워하고, 몸이 아프면 '아야! 아야!' 하고 앓을 줄 아는 그것이 참다운 신통이다. 지금 이 순간 사물을 보고 소리를 들을 줄 아는 이 사실이 신통묘용이고 무량대복이며, 대자유大自由, 대해탈大解脫이다.

"대저 부처님의 육신통이란 그런 것이 아니다. 물질의 경계에 들어가지만, 물질의 미혹함을 받지 않고, 소리의 경계에 들어가지만, 소리의 미혹함을 받지 않으며, 냄새의 경계에 들어가지만, 냄새의 미혹함을 받지 않고, 맛의 경계에 들어가지

만, 맛의 미혹함을 받지 않는다. 감촉의 경계에 들어가지만,
감촉의 미혹함을 받지 않고, 법의 경계에 들어가지만, 법의 경
계에 미혹을 받지 않는다.

　　그러므로 색 · 성 · 향 · 미 · 촉 · 법, 이 여섯 가지가 모두
텅 비었음을 통달하고 있다. 어디에도 매이지 않는 무의도인
을 속박할 수 없다. 비록 오온의 번뇌로 이루어진 몸이지만 바
로 이것이 땅으로 걸어다니는 신통[地行神通]이니라.”

 해설 _ 부처님의 진정한 육신통이란 육진六塵경계를 만나
그 육진 경계들을 일일이 느끼고 감상하고 수용하면서 그 경계에 빠지
지 않고 더럽혀지지 않고 속지 않는 것이다. 그 육진 경계를 능동적으
로 사용하는 그 사람의 작용이다. 경계는 경계일 뿐이기 때문에 어디
에도 의지함이 없는 본래인本來人과는 상관없다. 본래인을 속박할 수
는 없다. 본래인이 오온으로 된 이 육신을 떠나서는 따로 존재하는 것
이 아니며 또한 육신이 본래인이다. 결론은 부처님의 신통도 이 육신
이 땅으로 걸어다닐 줄 아는 그 사실이다. 그래서 땅으로 걸어다니는
신통이라 한다.

　지행신통地行神通. 아주 재미있는 말이다.

삼계가 오직 마음이다

"도를 배우는 벗들이여! 참 부처는 형상이 없고 참된 법은 모양이 없다. 그대들은 그와 같은 변화로 나타난 허깨비에서 이런 모양을 짓고 저런 모양을 짓는구나. 설사 그런 것을 구하여 얻는다 하더라도 모두 여우의 혼령들이며 결코 참된 부처가 아니다. 이는 바로 외도의 견해인 것이다.

진정으로 도를 배우는 사람이라면 부처마저도 취하지 않으며 보살과 나한도 취하지 않고 삼계의 뛰어난 경계도 취하지 않을 것이다. 멀리 홀로 벗어나 사물에 전혀 구애되지 않는다."

해설 _『금강경』에 "만약 형상으로써 부처님을 보거나 음성으로써 부처님을 구하면 이 사람은 삿된 도를 행하는 것이다. 결코, 여래를 볼 수 없으리라."라고 하였다. 이 단락은 『금강경』의 구절로 보완 설명할 수 있을 것이다. 참 부처는 형상이 없다. 참 법도 그렇다. 또 『금강경』에 "일체 상을 떠난 것이 모든 부처다[離一切相 卽名諸佛]."라고 했다. 그런데 사람들은 천 불 만 불을 만들어 놓고 거기에서 무엇을 찾는다. 설사 거기서 무엇을 찾았다 하더라도 그것은 다 여우의 혼령들이다. 외도들의 소견이다.

진정한 불교인은 부처님도 취하지 않는다. 보살이나 나한도 취하지 않는다. 그런 것에 걸리고 속박되지 않는다. 부처와 보살로부터 멀리 벗어난다. 선게禪偈에 "부처님이 있는 곳에는 머물지 말고 부처님이 없는 곳에는 급히 지나가 버리라[有佛處不得住 無佛處急走過]."라는 말이 있다. 부처와 보살도 다 벗어났는데 다시 무엇에 걸리겠는가? 참으로 시원한 말이다. 형연독탈 불여물구逈然獨脫 不與物拘. 참 좋은 명구다.

"하늘과 땅이 뒤집힌다 해도 나는 더 이상 의혹하지 않는다. 시방세계의 모든 부처님이 앞에 나타난다 하여도 한 생각도 기쁜 마음이 없다. 삼악도의 지옥이 갑자기 나타난다 하여도 한 생각도 두려운 마음이 없다. 어째서 그런가? 나는 모든 법은 공한 모습이라 변화하면 곧 있고, 변화하지 않으면 없는 것으로 본다. 삼계는 오직 마음이고, 만법은 오직 의식이기 때문이다. 그러므로 '꿈이요 환상이요 헛꽃인 것을 무엇 때문에 수고로이 붙들려 하는가?'라고 하였다."

해 설 _ 모든 현상들은 이런저런 인연과 조건들에 의해서 시시각각으로 변화를 일으키며 끝내는 소멸한다. 그리고는 다시 조건들이 맞아지면 다시 생기고, 생긴 뒤에는 끊임없이 변화를 거듭한다. 변화를 거듭하면서 다시 소멸의 길로 들어선다. 이런 과정을 쉴 새 없이 반복한다. 이것이 모든 존재의 법칙이다. 눈에 보이는 것이나, 들리는 것이나, 보이지 않고 들리지 않는 존재들도 역시 그렇다. 인간의 감정과 지식과 느낌 등 마음작용의 모든 것이 그렇다. 물질계에는 우리들의 육신이 그렇고, 온갖 사물이 다 그렇다. 해가 지고, 뜨고, 비가 오고, 바람이 불고 하는 일이 다 그렇다. 그래서 아이들은 성장하고 중년들은 늙어간다. 늙어가는 일과 성장하는 일이 동일하다.

임제 스님은 그와 같은 변화에는 이제 더 이상 흔들리지 않는다는 것이다. 눈앞에서 벌어지는 하늘과 땅과 부처와 지옥의 변화에도 전혀 동요가 없다. 그것들은 어차피 변화하는 것이고 텅 비어 공한 것인데 인연의 힘이 존재하는 동안만 눈앞에 나타난 허망한 것임을 잘 알고 있기 때문이다. 눈앞에서 흘러가는 구름의 모습을 보는 것과 같기 때문이다. 삼라만상과 세상의 만류가 오직 마음뿐이다. 만목청산滿目靑山이다. 눈앞에 펼쳐진 모습들은 오직 마음일 뿐, 형상이 아니다. 그러므로 형상에 속지 말라는 것이다.

삼조 승찬 대사의 『신심명信心銘』을 빌어서 "인생사, 세상사가 모두 꿈이요, 환상이요, 헛꽃인 것을 어찌하여 수고로이 붙들려는가? 이득과 손실과 옳고 그름을 이 순간 완전히 놓아버려라."라고 경고하고 있

다. 진부하지만 중요한 구절이다. 불교의 핵심이다. 다시 한 번 기억해
두어야 할 구절이다. 삼계유심 만법유식三界唯心 萬法唯識. 몽환공화 하
로파착夢幻空花 何勞把捉.

불 속에서도 타지 않는다

"오직 도를 배우는 벗들의 눈앞에 법을 듣고 있는 사람이 있다. 그 사람은 불에 들어가도 타지 않고, 물에 들어가도 빠지지 않으며, 삼악도의 지옥에 들어가도 마치 정원을 구경하며 노는 듯하고, 아귀 축생에 들어가도 그 업보를 받지 않는다.

어째서 그런가 하면 꺼릴 것이 아무것도 없는 법이기 때문이다. 그대들이 만약 성인은 좋아하고 범부를 싫어한다면 생사의 바다에 떴다 잠겼다 할 것이다. 번뇌는 마음을 말미암아 생겨나는 것이니 마음이 없다면 번뇌가 어찌 사람을 구속하겠는가?

분별하여 모양을 취하느라 헛수고하지 않으면 저절로 잠깐 사이에 도를 얻을 것이다. 그대들이 분주하게 옆 사람에게 배워서 얻으려 한다면 삼아승지겁 동안 애를 써도 결국은 생

사로 돌아가고 말 것이다. 아무런 일없이 총림의 선상 구석에
서 두 다리를 틀고 앉아있느니만 못하리라."

해설 _ 모든 사물은 불에 타지 않는 것이 없다. 물에 빠지지
않는 것이 없다. 하지만, 말을 하고 말을 듣는 이 사람은 불에도 타지
않고, 물에도 빠지지 않는다. 그뿐만 아니라 지옥에서도 정원을 거닐
며 구경하는 것처럼 편안하고 행복하다. 축생이나 아귀에 들어가도 그
축생이나 아귀가 되지 않는다. 진정한 도는 꺼릴 것이 없는 법이기 때
문이다[無嫌底法]. 물론 좋아할 것도 없는 법이다. 보고 듣는 이 자리에
무슨 차별이 있는가? 좋아하고 싫어할 게 어디 있는가? 그래서 혜능 조
사는 선도 생각하지 말고 악도 생각하지 말라고 하였다. 취사선택하지
말고 사랑하고 미워하지 않으면 훤하게 밝다. 완전한 평화와 행복이
다. 성불이고, 견성이고, 열반이고, 깨달음이고, 조사고, 부처님이다.
말을 듣고 있는 이 사람이다. 너고 나다. 삼라만상이고 우주만유다.

선이라고 좋아하고 악이라고 싫어한다면 좋고, 싫고, 취하고, 버리
고 하는 일이 벌어진다. 성인이다, 범부다 하는 분별이 있게 되어 사랑
과 미움이 있게 된다. 편견과 치우침이 있게 되어 양변에 떨어진다. 편
견과 치우침으로 양변에 떨어지면 그것이 곧 삼악도다. 지옥이다. 윤
회다. 불에 타고 물에 빠지는 일이다. 분노의 불길에 휩싸이고 탐욕의
물결에 떠내려간다. 물과 불에 반복하여 윤회하게 되며, 아귀와 축생
에 끌려다니며 윤회하게 된다. 무위진인無位眞人을 잃어버린 것이다.
어느 곳에서든지 주체가 되지 못하고 종이 되어 끌려다닌다. 타인이

손해를 입히고, 비방을 하고, 욕을 하고, 때리고, 모함하는 일에 휘말린다. 그런 일에 따라다니며 윤회하게 된다. 하루 종일 시시비비에 떠다닌다. 그래서 나는 없다. 온통 남이다. 경계뿐이다.

산은 산, 물은 물 그대로 보라. 장미는 장미, 목련은 목련 그대로 보라. 밤나무는 밤나무, 감나무는 감나무 그대로 보라. 눈앞에 벌어진 온갖 현상들에 쫓아다니지 말고 주인이 되라. 그러면 어디서나 행복하리라. 이것이 수처작주 입처개진隨處作主 立處皆眞 이다.

상대적 편견에 떨어진 온갖 이론들을 애써 배우느라고 삼아승지겁 동안 돌아다니느니보다는 차라리 아무런 일없이 총림의 선방 구석에서 두 다리를 틀고 앉아 있느니만 못하리라.

부처를 만나면 부처를 죽여라

"도를 배우는 벗들이여! 법다운 견해를 터득하려면 남에게 미혹[속임]을 당하지 말고 안에서나 밖에서나 마주치는 대로 곧바로 죽여라. 부처를 만나면 부처를 죽이고, 조사를 만나면 조사를 죽이고, 아라한을 만나면 아라한을 죽이고, 부모를 만나면 부모를 죽이고, 친속을 만나면 친속을 죽여라. 그래야, 비로소 해탈하여 사물에 구애되지 않고 투철히 벗어나서 자유 자재하게 된다."

해설 _ 여법한 견해나 진정견해나 모두가 같은 것이다. 수 처작주도 같다. 모두가 다른 사람에게나, 나 아닌 다른 경계에 동요하지 말라는 것이다. 온갖 경계가 앞에 오거든 무조건 다 부정하고 끌려 가거나 흔들리지 말라는 것이다. 나를 욕하고, 나를 때리고, 모함하고,

손해를 입히고 하는 것뿐만 아니라 나를 유혹하는 순조로운 경계도 같은 것이다. 부처나, 조사나, 아라한이나, 부모나, 처자권속이나 모두가 다 나 아닌 경계고, 내가 미혹을 당할 상대들이다. 다시 말해서 역경계나 순경계나 일체를 부정하고 벗어나라는 것이다. 거기에 끌려가지 말라는 것이다. 그래야, 비로소 해탈이다. 어떤 사물로부터도 구애받지 않는다. 툭 터져서 자유자재하다.

부처님이나 조사나 아라한이나 그 어떤 권위나 관념들로부터도 벗어나라. 인정하지 말라는 것이다. 깡그리 부정해 버리고 끌려가지 말라는 뜻에서 죽이라는 표현을 쓴 것이다. 불조에 대한 모든 잘못된 관념들을 때려 부수라는 뜻이다. 이렇게 파격적이고 강도 높은 언어를 써도 강강強剛하고 억세고 미련한 중생들은 아무런 감동이 없다. 깊은 사유가 없어서이다.

경계는 경계의 일이고, 나는 나의 일이다. 남이 나에게 어떻게 하든 나는 내 할 일 하면 된다. 내 자신을 굳게 지키고 타인의 잘잘못을 보지 말라. 흔들리고 따라가면 그 순간 내 생명은 벌써 상처를 입는다. 그가 부처든 조사든 부모든 칭찬이든 욕이든 마찬가지다. 자신을 자각하는 일은 그처럼 중요하다. 안에도 있지 말고, 밖에도 있지 말고, 중간에도 있지 말라. 참으로 수처작주隨處作主하고 입처개진立處皆眞하라. 불여물구不與物拘하고 투탈자재透脫自在하라. 제대로 사람답게 살려면 반드시 이 말대로 하라.

"제방에서 도를 배우는 벗들은 말이나 형상에 의지하지 않고 내 앞에 나온 자는 하나도 없었다. 산승은 여기에서 처음부터 그들을 쳐 버린다. 손에서 나오면 손으로 치고, 입에서 나오면 입으로 치며, 눈에서 나오면 눈으로 쳐 버린다. 다만, 홀로 벗어나서 나온 사람은 한 사람도 없고, 모두가 옛날 사람들의 부질없는 지식이나 언어나 행위들[閑機境]을 숭상하고 받드는 것이었다."

해설 _ 임제 스님이 법을 쓰는 것은 매우 독특하다. 그 표현이 독창적이다. 파격적이고 상상을 초월한다. 그야말로 불가사의하고 기상천외하다. 밝은 대낮의 청천벽력이다. 구름 한 점 없는데 태풍이 불고 폭우가 쏟아진다. 그 밝기로는 일천 개의 태양이 동시에 떠서 수수만년을 비추고 있다. 어디에도 의지하거나 근거를 대어 나타내는 경우가 없다.

그런데 다른 모든 이들은 그동안 불교역사에서 축적된 표현들을 그대로 빌려오거나 변형을 시킨 것들이다. 원래로 법이 그렇지가 않은데 그런 식으로 나온다면 그냥 있을 수가 없어서 모두 쳐 없앤다. 어떤 입장에서 나오든지 모두 쓸어버린다.

옛 사람들의 부질없는 말이나 행위들을 흉내 내어 봐야 무슨 이익이 있겠는가? '할'을 하고 방을 써 봐야 아무런 의미가 없다. 어느 큰 참선 법회에 가서 보고 온 사람이 왈, 외계인들이 와서 놀다 가는 것과 같은 느낌이었다는 말을 했다. 매우 적절한 평이었다.

이제는 되지 않은 옛 스님들의 격외 법문을 문자로 적어서 그것을 다시 번역하고, 떠듬떠듬 읽어서 법문이랍시고 토해내는 것은 그만하는 게 좋다. 차라리 자신이 알고 있고 확신이 가는 것만 이야기하자. 전설 따라 삼천리도 좋고, 소를 팔러 다니던 이야기도 괜찮다. 진실하게 소신껏 하면 되지 않는가? 공연히 옛 사람들의 흉내를 낸다고 자신이 옛 사람처럼 존귀해지는 것도 아니지 않은가?

그대는 무엇이 부족한가?

"산승은 남에게 줄 법이 하나도 없다. 다만, 병에 따라 치료를 해주고, 묶여 있는 것을 풀어줄 뿐이다. 그대들 제방의 도를 배우는 벗들이여! 시험 삼아 사물에 전혀 의존하지 말고 나와 보아라. 나는 그대들과 법에 대해서 문답을 하고 싶구나. 15년이 지나도록 누구 한 사람 없었다. 모두가 풀이나, 나무 잎사귀나, 대나무나, 나무에 붙어사는 귀신들이다. 또 여우나 도깨비 같은 것들이다. 모두 똥 덩어리에 달라붙어 어지럽게 씹어 먹는 것들이다."

해설 _ 이 법은 본래로 남에게 줄 수 있는 법이 아니다. 만약 줄 수 있는 법이라면 세존은 벌써 라후라에게 주었을 것이다. 그리고 야수다라에게도 주었을 것이다. 그런데 어디에도 라후라에게나 야수다라에게 법을 주었다는 이야기는 없다. 왜냐? 줄 수 있는 법이 아니기 때문이다. 그런데도 법을 전해 준다느니, 법을 전해 받았다느니 하는 말은 단순한 인정에 불과하다. 그가 깨달은 것이 확실한가를 알아보고, 확실하면 인정을 해 주는 일이다. 그와 같은 인정하는 일을 전해주었다고 한다. 오늘날까지 그 관례를 그대로 쓴다.

불교는 병에 따라 약을 쓰고 속박된 것을 풀어 준다. 팔만 사천 법문이란 중생들의 팔만 사천 가지의 병에 따라 약을 처방한 것에 불과하다. 또 병이란 다른 말로 하면 속박이요, 구속이다. 있음과 없음에 구속되고, 생과 사에 구속되고, 성인과 범부에 구속되고, 중생과 부처에 구속되고, 선과 악에 구속되고, 일체 차별과 편견과 양변과 변견과 비교하는 데 구속되어 있다. 그래서 그것들로부터의 해탈을 희망한다.

간혹 선문답을 하는 데서 들을 수 있는 말로서 '부처님의 말씀이나 조사들의 말씀을 떠나서 한 마디 일러보라.' 또는 '말과 행동을 쓰지 않고 한 마디 일러보라.' 라고 주문하는 것을 들을 수 있다. 모두가 무엇엔가 의지해서 법을 말한다. 생각하고 행동하는 것도 모두가 불조의 가르침에 근거하여 표현한다. 과거의 선배들이 남겨둔 것을 대단한 보물로 생각하여 모든 삶을 거기에 걸고 있다. 그 기준과 그 사례에 어긋나면 크게 잘못된 것으로 생각한다.

이 점에 대해서 임제 스님은 입에 담을 수 없을 만큼 혹독하고 심한 표현을 쓴다. '모두가 제 갈길을 못 가고 구천을 떠돌다가 풀섶이나 나무나 바위 등에 붙어 있는 귀신 도깨비 같은 존재들이다. 모두가 남들이 싸 놓은 똥 덩어리를 씹어 먹고 있는 꼴이다.' 라고 하였다.

참으로 전무후무한 극언이다. 누가 감히 그 흉내를 내겠는가. 그 용맹은 천 명의 조자룡이요, 만 명의 관운장이다. 누구의 표현처럼 임제는 활화산이고, 천기누설이고, 지뢰밭이고, 산사태고, 태풍이고, 해일이고, 홍수고, 날벼락이고, 대지진이고, 전쟁이고, 폭발이고, 분출하는 용암이다. 그 모든 것이 한꺼번에 쏟아지는 일이다.

똥 덩어리란 산처럼 쌓여 있는 교학들이 그것이다. 온갖 망상으로 펼쳐 둔 주의 주장들과 사상들이 그것이다. 닦아야 하느니, 증득해야 되느니, 삼아승지겁 동안 육바라밀, 십바라밀을 실천해야만 된다고 하는 등등의 가르침들을 지적해서 하는 말이다. 천하의 선지식이라는 이들이 모두 거기에 의지하고 있기 때문에 임제 스님이 보기에는 갑갑하고, 안타깝고, 숨 막히고, 몸살이 나서 죽을 맛이다. 활화산과 천기누설과 지뢰밭과 산사태와 태풍과 해일과 홍수와 날벼락과 대지진과 전쟁과 폭발과 분출하는 용암을 한꺼번에 쏟아부어 다 쓸어버리고 싶은 심정이다.

한국불교를 대표하는 임제의 적손嫡孫 조계 종도들이여! 그리고 세계의 불교를 선도할 임제의 적손 조계 종도들이여! 이 힘과 이 용기와 이 기백과 이 용맹으로 명실상부한 선 종주국의 깃발을 온 세계에 힘차게 드날리자!

"야, 이 눈먼 놈들아, 저 시방의 신도들이 신심으로 시주한 물건을 마구 쓰면서 '나는 출가한 사람이다.'라고 하여 이와 같은 견해를 짓고 있구나. 나는 그대들에게 분명히 말하고자 한다. 부처도 없고, 법도 없고, 닦을 것도 없고, 깨칠 것도 없는데 어쩌면 그렇게들 옆집으로만 다니면서 무슨 물건을 구하는가? 야, 이 눈멀고 어리석은 놈들아! 머리 위에 또 머리를 얹는구나. 너희에게 무엇이 부족하단 말인가?"

해설 _ 출가입산出家入山하여 수행 정진한다는 사람들을 두고 하는 말이다. 온갖 호설난도胡說亂道로 펼쳐놓은 주의 주장들을 의지해서 그것이 불교인 양하고 사는 사람들의 견해를 바로잡아야 한다는 뜻이다. 불교는 그런 것이 아닌데 헛되이 신도들의 시줏밥만 축내고 출가인이라고 하다니. 불교를 사뭇 틀리게 말하는 사람, 그것마저 하지 않는 사람들은 차한此限에 부재다. 논할 대상이 아니다.

이미 우리 자신이 완전무결한데, 그래서 부처도, 법도, 수행도, 깨달음도 달리 없다. 그런데도 공연히 자기의 집을 버리고 남의 집으로 찾아 헤매고 있다. 자신의 집에 이미 무한한 보물이 있는데 남의 집에 가서 무엇을 구하자는 것인가? 야, 이 눈멀고 어리석은 놈아! 그렇게 해서 찾았다 하더라도 그것은 머리 위에 머리를 하나 더 올려놓는 격[頭上安頭]이다. 긁어서 부스럼 내는 일이다. 멀쩡한 사람을 병신으로 만드는 일이다. 머리 위에 머리를 올려놓고 어쩌자는 것인가? 무엇이 부족하여 그런 짓을 하는가? 지금 이 순간 글을 읽고, 말하는 소리를 들고, 춥고 더운 것을 느끼고 하지 않는가? 거기서 다시 무엇이 더 필요한가? 이 생명 자체가 진정한 신통묘용이요, 무량대복인 것을. 참으로 천고의 명언이다. 촌철살인이다. 더 이상 나아갈 데가 없는 최후, 최고의 가르침이다. 수미산 꼭대기다. 두상안두頭上安頭. 천고의 명언이다. 흠소십마欠少什麼. 명언 중의 명언이다.

삼계는 삼독심이다

"도를 배우는 벗들이여! 그대들 눈앞에서 작용하는 이놈이 바로 할아버지 부처님과 다르지 않다. 왜 믿지 않고 밖에서 찾는가? 착각하지 말라. 밖에도 법이 없으며 안에도 또한 얻을 것이 없다. 그대들은 산승이 이렇게 말하는 것을 듣는 것보다는 모든 생각을 쉬어서 아무 일없이 지내는 것이 차라리 낫다."

해설 _ 불교란 무엇인가? 도란 무엇인가? 도를 이룬 부처님이나 조사는 또 무엇인가? 그대들이 지금 이 자리에서 보고, 듣고, 알고, 느끼고 하면서 작용하는 그 사실이다. 지금 이 순간 작용하는 그놈이 부처님과 조사와 하나도 다르지 않다. 단지 그것을 믿지 못하고 그 외의 것들을 찾아 밖으로 법을 구하고 있을 뿐이다. 그렇다고 안에 있는 것도 아니다. 안에 있는 것이 아니므로 안에서 얻을 수도 없다. 내가 하는 이 말은 이 지상에서 제일가는 법문이다. 이보다 더 위대한 법문은 없다. 팔만 사천 법문과 온갖 시시비비를 다 쓸어버리는 어마어마한 태풍과도 같은 말씀이다.

하지만, 산승의 이 말을 듣는 것보다는 한 생각 쉬는 것이 더 낫다. 한 생각 쉬고, 아무 일없이 지내는 것이 훨씬 훌륭하다. 뛰는 놈 위에 나는 놈이 있지만 나는 놈보다는 아예 움직이지 않고 그대로 있는 놈이 백 배 훌륭하다.

"이미 일어난 것은 계속하지 말고, 아직 일어나지 않은 것은 일어나지 않도록 하여라. 이렇게 한다면 10년을 행각하는 것보다 더 나을 것이다. 내가 보기에는 그런 허다한 일[소승, 대승, 출가, 속가, 수행의 단계 등]은 없는 것이니 다만 평소대로 옷 입고 밥 먹으며 아무런 일없이 세월을 보내는 것뿐이니라."

🪔 해설 _ 스승을 잘못 만나고 한 생각 잘못하여 부처를 구하고 조사를 구하려고 어쩔 수 없이 마음을 일으켰다면 더 이상 지속하지는 말라. 만약 일어나지 않았거든 어떤 좋은 생각도 일으키지 말라. 그렇게만 하면 그대들이 공부를 위해서 10년을 행각한 것보다 훨씬 나으리라.

산승의 소견으로는 그 허다한 5위 75법이니, 5위 100법이니 하는 것이 없다. 5온 12처 18계니, 4성제 8정도 12인연도 없다. 3승 4과도 없다. 보살의 수행계위인 10신, 10주, 10행, 10회향, 10지, 등각, 묘각도 없다. 6바라밀, 10바라밀도 없다. 참선, 염불도 없다. 간경, 주력, 기도도 없다. 다만, 평소대로 옷 입고 밥 먹으며 아무런 일없이 인연 따라 살아가는 것뿐이다. 만약 산승의 소견이 틀린다는 생각이 들거든 맞는 길을 찾아서 알아서 살아라. 한국의 모든 선지식들은 이 정신, 이 가르침이 좋아서 모두 임제 스님 밑으로 줄을 대고 있다.

"제방에서 온 그대들은 모두가 마음이 있다. 부처를 구하려고 하며, 법을 구하려고 하며, 해탈을 구하여 삼계를 벗어나려고 한다. 어리석은 이들아! 그대들이 삼계를 벗어나서 어디로 가려고 하는가? 부처와 조사란 보기 좋은 올가미로 만든 이름과 글귀일 뿐이다.

그대들은 삼계가 무엇인지 알고 싶은가? 지금 그대들이 법문을 듣고 있는 그 마음을 떠나 있는 것이 아니다. 그대들의 한 생각 탐내는 마음이 욕계欲界고, 한 생각 성내는 마음이 색계色界며, 한 생각 어리석은 마음이 무색계無色界니라. 이 삼계는 바로 그대들의 집 속에 있는 살림살이들인 것이다. 삼계가 스스로 '내가 바로 이 삼계요.'라고 말하는 것이 아니다. 눈앞에서 아주 분명하게 만물을 비추어 보고 세계를 가늠하는 그 사람이 삼계라고 이름을 붙인 것이다."

해 설 _ 모든 사람들은 다 마음이란 것이 있어서 그 마음으로 부처를 구하고, 법을 구하고, 해탈을 구하여 삼계를 벗어나려고 한다. 다 옳은 일이다. 그런데 삼계를 벗어나서 어디로 가려고 하는가? 삼계라는 것이 진실로 있기나 한가? 참으로 있어서 벗어나려 하는가? 가나오나 지금 있는 이 자리뿐인 것을. 동쪽 사람들은 염불해서 서방으로 간다지만 서방 사람들은 염불해서 어디로 가는가? 동쪽으로 오는가?

그대들이 참으로 삼계가 무엇인지 알고자 하는가? 그대들이 지금 이 순간 법문을 듣고 있는 그 마음자리에서 떠나지 않았다. 그대들 한 생각 탐욕하는 마음과 분노하는 마음과 어리석은 마음들이 곧 욕계, 색계, 무색계다. 이 삼계란 그대들의 집에서 쓰는 가구들이다. 삼계 25유有가 모두 그대들의 목전에서 역력한 그것이 이름 붙인 것이다. 온갖 만물을 살피고 온 세계를 헤아리는 바로 그 사람이 이름을 지어 붙인 것이다.

또 그대들이 오매불망 구하려고 하는 부처나 조사라는 것도 모두가 금이나 은 같은 그럴듯한 좋은 올가미를 만들어 사람들을 얽어매는 것에 불과하다. 부처니 조사니 하는 말이 얼마나 근사한가? 얼마나 아름답고 훌륭한가? 사람들을 얽어매기 아주 좋은 금과 은으로 만든 올가미다. 그 올가미에 얼마나 많은 사람이 매여 속박을 당하는가? 금이 아니라 다이아몬드로 만들어도 올가미는 사람들을 구속하는 올가미일

뿐이다. 그 외에 다른 것은 아니다. 대해탈, 대자유인이 곧 그대 자신

이거늘 왜 올가미에 걸려드는가?

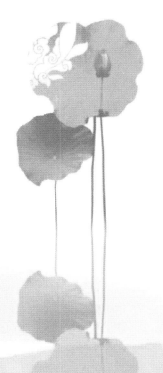

무명은 없다

"큰스님들이여! 사대로 되어 있는 이 몸뚱이는 덧없는 것이다. 비장, 위, 간, 쓸개와 머리카락, 털, 손톱과 이빨마저도 오직 모든 것이 텅 비어 있는 모양임을 보여줄 뿐이다. 그대들의 한 생각 마음이 쉰 곳을 보리수라 하고, 한 생각 마음이 쉬지 못하는 곳을 무명수라 한다. 무명은 머무는 곳이 없으며, 처음과 끝이 없다. 그러므로 그대들이 만약 순간순간의 마음이 쉬지 못한다면 곧 무명수 위에 올라가서 곧바로 사생육도四生六道에 들어가서 털이 나고 뿔이 달리는 짐승이 될 것이다."

해설 _ '나는 없다.' 이 말은 『반야심경』을 한 마디로 표현한 것이다. 5온이 모두 텅 비어 없다. 안·이·비·설·신·의도 텅 비어 없다. 색·성·향·미·촉·법도 모두 텅 비어 없다. 4성제, 8정도,

12인연도 텅 비어 없다. 일체가 다 텅 비어 없다는 것이 『반야심경』의 요점이다. 그래서 필자는 『반야심경』을 주력 삼아 외우다가 깨달은 것이 '나는 없다.' 이다. 내가 없는데 다시 무엇을 위하여 헐떡거리겠는가? 생로병사와 일체 문제가 해결된 자리다.

그대들 한 생각 쉬어버린 곳이 보리수다. 그대들이 한 생각 쉬지 못한 곳이 무명수다. 그런데 무명이란 말 뿐이지 실은 없는 것이다. 무엇인가 찾으려고 헐떡거리는 마음 때문에 존재하는 것처럼 보인다. 그래서 온갖 4생生 6도道가 다 벌어진다. 다종다양한 삶이 펼쳐진다.

천태학天台學에 일념삼천一念三千이라는 말이 있다. 한순간에 삼천 가지의 삶의 양상이 가능하다는 것이다. 한마디로 우리가 살며 느끼는 일체 현실이 모두 한 생각 쉬지 못해서 무명이 있고, 그 무명으로 인하여 환영처럼 펼쳐진 것들이다.

"그대들이 만약 쉬기만 하면 그대로가 곧 청정법신의 세계다. 그대들이 한 생각도 나지 않으면 곧 보리수에 올라 삼계에서 신통 변화하여 마음대로 화신의 몸을 나타내리라. 그래서 법의 기쁨과 선의 즐거움[法喜禪悅]으로 몸의 광명이 저절로 빛날 것이다. 옷을 생각하면 비단 옷이 천 겹으로 걸쳐지고, 밥을 생각하면 백 가지 진수성찬이 그득히 차려지며, 다시는 뜻밖의 병이나 가난으로 오는 병에 걸리는 일도 없을 것이다. 보리는 어떤 주처가 없다. 그러므로 얻을 것도 없느니라."

 해 설 _ 한 생각 쉬는 것이 곧 한 생각도 일어나지 않은 것이
며, 한 생각 일어나지 않은 것이 곧 한 생각 쉰 것이다. 그 경지가 되면
이 현실 그대로가 청정법신의 세계며 곧 보리수에 올라 삼계에서 신통
변화를 일으킬 것이다. 뜻대로 몸을 나타내며 법희선열法喜禪悅을 누
리리라. 비단 옷이 넘쳐나고 온갖 진수성찬이 구족하여 병도 없으리
라. 한 생각 쉬는 것이 무엇인가?

자신에게 모든 것이 구족하여 더 이상 밖을 향해서 찾을 것이 없는
이치를 깨닫는 것이다. 설사 부처와 조사라 하더라도 자신 밖에 다른
것이 아니라는 사실을 알고 밖을 향해 찾지 않는 것이다. 신통묘용과
복덕 지혜도 그렇다. 그것이 쉬는 것이며 한 생각도 일으키지 않는 것
이다. 법희선열法喜禪悅이란 말은 삶의 극치다. 가만히 읊조리기만 해
도 그 희열이 샘솟는다.

보고 듣는 이가 누구인가

"도를 배우는 벗들이여! 대장부가 또 무엇을 의심하는가? 눈앞에서 작용하는 이가 다시 또 누구인가? 잡히는 대로 쓰며 이름에 집착하지 않는 것이 심오한 뜻이다. 이와 같이 볼 수 있다면 싫어할 것이 없는 도리이다. 옛사람이 말하기를 '마음은 만 가지 경계를 따라 흘러가지만 흘러가는 그곳이 참으로 그윽하여라. 마음이 흘러가는 그곳을 따라 성품을 깨달으니 기쁨도 없고 근심도 없도다.'라고 하였다."

해설 _ 사람들의 마음은 참으로 미묘한 것이다. 매우 심오하고 불가사의한 것이다. 아무리 생각을 해도 그 높이, 그 넓이에 미칠 수가 없다. 그 헤아릴 수 없는 작용은 신묘불측神妙不測이다. 그래서 언어로써 표현할 길이 없고, 생각으로 따를 수 없다. 그것은 멀리 있는 것이 아니고 바로 지금 이 순간 보아도 보이지 않는 가운데 보고, 들어도 들리지 않는 가운데 들으며 작용하고 있는 그것이다. 그러한 이치를 잘 알아서 추호의 의심도 없고 양변에 떨어지거나 편견이 없으면 대장부다.

옛 인도의 23조祖인 학륵나 존자가 아직 법을 깨닫기 전에 학의 무리가 항상 따라다녔다. 그래서 22조 마라나 존자를 만나 그 까닭을 물었더니, "그대가 옛날 제자들을 데리고 용궁에 가서 공양을 받았는데 그 제자들이 박복하여 학의 몸을 받은 지 5겁이나 되었다. 바로 그들이다."라고 하였다. 그들이 해탈할 수 있는 길을 물으니 위와 같은 게송을 설하였다. 수많은 사람들의 입에 회자되는 유명한 게송이다.

'마음이 흘러가는 그곳을 따라 성품을 깨닫는다.' 라는 말은 수처작주隨處作主, 즉 어떤 상황에 처하더라도 그 상황의 주인이 된다는 뜻이다. 텅 빈 마음자리를 잘 누리어 남이 나를 어떻게 취급하든 나는 나의 자리를 잃지 않고, 동요하지 않고, 흔들리지 않고, 끌려다니지 않는다는 뜻이다. 남이 나를 때렸다, 남이 나를 욕했다, 모함했다, 비방했다, 손해를 입혔다, 망신을 주었다, 내 것을 빼앗아 갔다 등등에 흔들리지 않고 의연히 대처하는 것이다. 나아가서 온갖 몹쓸 병들이 나를 괴롭게 한다, 몸이 나를 고통스럽게 한다, 세월이 나를 늙게 한다는 등등에도 소요자재逍遙自在하고 여여무심如如無心하면 기쁨도 없고 근심도 없으리라. 본래로 그런 것이 없는 텅 빈 마음의 세계에서 자유자재하게 노닐 뿐이다. 그것은 그들의 일이고, 나는 나이기 때문이다.

이 금쪽같은 구절은 반드시 외워야 한다. 심수만경전心隨萬境轉, 전처

실능유轉處實能幽. 수류인득성 隨流認得性. 무희역무우無喜亦無憂. 잘 이해하면 평생의 좋은 양식이 될 것이다.

주인과 객이 서로 보다

"도를 배우는 벗들이여! 선종의 견해로는 삶과 죽음이 돌고 도는 것이니, 참선을 하는 사람들은 매우 자세히 살펴야 한다. 주인과 손님이 서로 만나면 곧 말들을 주고받는데, 혹은 사람에게 맞추어서 모습을 나타내기도 하고, 혹은 전체작용全體作用을 하기도 하며, 혹은 기연과 방편으로 기뻐하거나 성내기도 하며, 혹은 몸을 반쯤 나타내 보이기도 하며, 혹은 사자를 타기도 하고, 혹은 코끼리를 타기도 한다."

해설 _ 선문답의 사례들을 소개하고 있다. 정신을 똑똑히 차리고 진검승부 하는 마음으로 해야 한다. 장난삼아, 또는 소영웅심리에서 선문답을 해서는 안 된다. 여기서 삶과 죽음이란 주객이 서로 만나 법을 거량하는 경우에 이기거나 지는 일을 표현한 것이다. 이기는 것은 살아나는 것을, 지는 것은 죽는 것을 의미하고 있다. 말로써 주고받는데 이기고 지는 일이 돌고 돈다는 뜻이다. 여기서는 여섯 가지의 사례를 들고 있다.

혹 사자를 타기도 한다는 것은 문수보살의 역할을 뜻한다. 언제나 보현보살과 대비가 된다. 집안의 일을 맡은 사람이며 지혜를 상징한다. 코끼리를 타기도 한다는 것은 보현보살의 역할을 뜻한다. 바깥의 일을 맡은 사람이며 실천을 상징한다. 여섯 가지 예들이 모두 그와 같은 입장에 서서 사람을 제접한다는 것을 다 들어 보인 것이다.

"만약 진정한 학인이 있어서 대뜸 "할"을 하여 아교풀을 담은 단지를 하나 내놓으면 선지식은 그것이 경계[미끼]인 줄 모르고 곧 그 경계에서 이런 생각 저런 생각을 지어 낸다. 이것을 본 학인이 다시 "할"을 하여도 앞의 선지식은 이를 놓아버리려 하지 않는다. 이것은 의사도 고칠 수 없는 불치[膏盲]의 병이다. 이런 경우를 '객이 주인을 본[看破]다.'라고 한다."

해설 _ 선문답을 할 경우 주인과 객, 즉 선지식과 학인이 만났을 때 눈이 밝은 학인이 곧 "할"을 하여 마치 아교풀을 담은 단지를 앞에 내어 놓는 것과 같다. 그러면 선지식은 그것이 고기를 낚는 미끼인 줄을 모르고 덥석 물고는 이리저리 헤아린다. 그때 학인은 곧 "할"

을 하면 선지식은 그 미끼를 놓지 않고 물고 늘어지는 예가 있다. 이것은 치료할 수 없는 병이다. 학인이 선지식을 간파하고 선지식은 간파를 당한 것이다.

이야기가 좀 옆길로 나가보자면, 집안이 이렇게 되면 곤란하다. 한 집안이 잘 되려면 어른들이 모범이 되어야 한다. 그런데 그 반대가 되면 문제가 많다. 나라에도 마찬가지다. 윗물이 맑아야 아랫물이 맑다는 너무도 평범한 진리다. 나라의 모든 언론 매체들은 매일 매시간 부정과 부패를 소개하느라고 정신이 없다. 부정부패가 왜 그토록 많은가? 윗사람들이 부정부패를 저지르기 때문이다. 어느 물줄기도 맑은 곳은 없는가 보다. 특히 상부 지도층에 있는 정치인들, 기업인들, 공직자들, 종교인들, 교육자들이 맑아야 한다. 이런 위치에 있는 사람들이 맑지 않으면 하층에 있는 사람들은 맑을 길이 전혀 없다. 윗물이 흐린데 아랫물이 맑을 수 있겠는가? 세상에 그런 이치는 없다. 나라가 잘되려면 모든 공장을 멈추더라도 위에서부터 정직하고 검소한 생활을 펴야 한다. 그렇지 않으면 모든 노력이 다 허사다. 도로아미타불이다. 위에 있는 정치인들은 하루빨리 깨달아야 한다. 윗사람은 아랫사람을 인도하고 선지식은 학인을 가르치는 의무가 있기 때문이다.

"혹은 또 다른 경우는, 선지식이 아무 것도 내놓지 않고 학인이 물으면 묻는 대로 곧 빼앗아 버린다. 학인이 빼앗기고는 한사코 놓아버리려 하지 않으면 이것을 '주인이 객을 간파한다.'라고 한다."

 해 설 _ 선문답의 또 한 예로서, 선지식은 찾아온 학인을 두고 보다가 학인이 무엇을 물으면 선지식은 곧 그 질문을 부정해 버린다. 그때 학인은 인정을 받기 위해서 죽자고 놓치지 않는다. 고인의 말씀을 빌리자면 "한 물건도 가져오지 않았을 때 어떻습니까?" "놓아버려라." "한물건도 가져오지 않았는데 무엇을 놓으란 말입니까?" "놓아버리기 싫거든 가져가거라." 이와 같은 예다. 이런 경우는 선지식이 학인을 간파하고 학인은 간파를 당한 것이다. 이런 예도 크게 바람직하지는 않다. 아름답지는 않다. 왜냐하면 이미 선문답이 오고가는 사이라면 학인도 한칼이 있어야 하는데 물고 늘어지기만 한다. 그러나 모든 학인이 다 그러리라는 것을 기대할 수는 없다.

삿되고 바른 것을 알라

"혹 어떤 학인이 일개 청정한 경계를 선지식 앞에 내놓으면 선지식이 그것이 경계인 줄을 알아차리고 집어다가 구덩이 속에 던져버린다. 그래서 학인이 '참으로 훌륭한 선지식이십니다.'라고 하면 선지식은 곧 '쯧쯧, 좋고 나쁜 것도 모르는구나.'라고 한다. 그러면 학인이 절을 하는데 이것을 '주인이 주인을 간파한다.'라고 한다."

해설 _ 이것은 선지식과 학인 모두 눈이 밝아서 함께 간파하고 문답이 정상적으로 이루어진 예다. 마치 세존이 영산회상에서 꽃을 드니 가섭존자가 미소를 보내고, 다시 '세존은 나의 정법안장正法眼藏을 그대에게 부촉하노라.' 하면 가섭은 그 말을 기꺼이 받아들이는 광경이라고나 할까? 법을 인가하는 일과 함께 서로 주인이 되어 동시에 간파한 것이다. 임제록에서 공부를 점검하는 감변장勘辨章에 많이 있는 예다. 매우 바람직하고 아름다운 선문답이다.

"혹 또 어떤 학인이 목에 칼을 쓰고 발에 족쇄를 찬 채 선지식 앞에 나타나면, 선지식이 그 위에다 다시 칼과 족쇄를 한 겹 더 씌워버리는데도 학인이 기뻐하여 피차가 서로 분간하지 못하면, 이것을 '객이 객을 간파한다.'라고 한다.

큰스님들이여, 산승이 이와 같이 예를 든 것은 모두가 마군과 이단을 가려내서 삿된 것과 바른 것을 알게 하기 위해서이다."

해설 _ 이 단락에서 간파한다는 것은 위의 사례와 비교해 볼 때 말이 좀 일정하지 않다. 객이라는 말이 학인이라는 뜻이었는데 여기서는 눈을 뜨지 못한 사람을 두고 한 말이기 때문이다. 그래서 주인도 객이 되어버린 것이다. 서로 눈이 어두운 처지이기 때문에 이리저리 뒤엉킨 것이다. 학인이 기뻐함도 진정한 기쁨이 아니다. 동반의식에서 온 기쁨이다.

근래의 선문답을 보면 한마디로 엉망진창이다. 대개 자신을 높이고 자랑하려고 하는 경우가 많다. 제대로 눈을 뜬 사람이라면 어찌 자랑을 하겠는가? 자랑하거나 아상을 내세운다면 어찌 눈을 뜬 사람이겠는가? 그 사람됨을 알 만하다. 어릴 때 치기나 객기로 선배 스님들과 일방적인 말 한마디 주고받은 것을 가지고 평생 떠드는 사람이 있다. 자신이 무슨 말을 하니까 그 선지식이 대답을 못하더라는 둥 옛 공안을 못 이르더라는 둥 입만 열면 아무것도 모르는 시장 아낙네들에게 그런 자랑을 늘어놓는다. 임제록을 강설하면서 이런 말을 하는 필자도 실은 한없이 부끄럽다. 혹 학인과 문답을 한다 하더라도 서로 모르고 하니 제대로 될 리가 없는 것은 불을 보듯 뻔한 노릇이다. 흉내만 내는 것이다. 그런 것도 기록해 두었다가 책이 되어 돌아다닌다. 지금도 또 어디선가 자랑을 하고 있으리라 생각하니 참으로 아득하다.

이 법에 눈을 제대로 뜬 사람과 그렇지 못한 사람을 알아내는 기준이 있다. 여덟 가지 바람[八風]이다. 이익·손해·훼방·추켜세움·칭찬·놀림·고통·즐거움이다. 이 여덟 가지의 바람에 흔들리지 않으면 그 위인이 어지간하다고 할 수 있다. 안팎으로 모두 흔들리지 않아야 한다. 밖으로는 아무런 동요가 없는 것 같으나 속마음이 흔들리면 그는 아니다. 지사나 의인이나 호걸도 이익이나 손해, 명예나 칭찬, 비방 등에 흔들리지 않는다. 하물며 마음공부에 달통한 도인이겠는가? 그런 까닭에 임제 스님은 마와 이단을 잘 가리고 사와 정을 알아야 한다고 하였다.

신값을 갚을 날이 있을 것이다

"도를 배우는 벗들이여! 진실한 마음을 내기는 매우 어려운 것이고 불법은 심오하지만 알고 보면 별것이 아닌 당연한 일[呵呵]이다. 산승은 온 종일 그들과 더불어 설파해 주지만 공부하는 이들은 도대체 마음을 쓰지 않는다. 천 번 만 번 밟고 다니면서도 도무지 깜깜하다. 아무런 형체도 없으면서 밝고 뚜렷한 이것을 학인들은 믿지 못하고 명자와 글귀 위에서 이해하려 한다. 나이가 오십이 넘도록 단지 송장을 짊어지고 밖으로만 다니는구나. 이렇게 짐을 지고 천하를 돌아다녔으니 짚신 값을 받을 날이 있으리라."

🏮 해설 _ 이 지구상에서 불교를 좋아하는 사람들은 대단히 많다. 그러나 불교에 대해서 진실로 발심한 사람은 그리 많지 않다. 진실

한 발심은 쉬운 것이 아니기 때문이다. 불교란 사람이 살아가는 모든 문제에서 최고의 가치를 추구하는 일이기 때문이다. 인생 최고의 가치인 도를 깨닫는 일이 만만치가 않다.

소인들은 도에 대해서 설명을 들으면 비웃는다. 보통 사람들은 그런지 저런지 망설인다. 하지만, 대인은 흔쾌히 받아들인다. 소인들이 비웃지 않으면 족히 도가 될 수 없다. 보통 사람들이, 더구나 대부분 소인의 성향을 가진 말세의 인간들이 도에 대해서 진정으로 마음을 내기란 참으로 어려운 일이다. 오욕락과 세상사 인간사에 흘딱 반하고 깊이 빠져서 벗어나올 길이 전혀 없는 사람들이 무슨 도에 관심이 있겠는가? 무슨 진정한 불교에 뜻이 있겠는가? 불법을 공부한다는 것은 가치관의 문제다. 삶에 대한 가치관이 바뀌지 않는 한 어려운 일이다. 그래서 임제 스님은 진실한 마음을 내기가, 진정으로 발심하기가 매우 어렵다고 한다.

그러나 불교는 깊고 오묘하다. 설사 깊고 오묘하더라도 알고 보면 별것이 아니다. 작은 일이다. 쉽고 간단한 일이다. 너무도 당연한 일이다. 임제 스님은 처음 대우 스님에게 가서 불법을 깨닫고 나서 "황벽의 불법이 간단하구나."라고 하지 않았던가. 지극히 당연한 일이기 때문이다. 누구나 옷 입고, 밥 먹고, 보고 듣는 일이기 때문이다.

그러나 학인들은 그 쉬운 것을 믿지 않는다. 한 걸음도 옮기지 않은 그 자리, 곧 자기 자신이지만 문자나 이론을 따라가며 사량 분별을 하고 머리를 굴린다. 옆길로 옆길로 생명 없는 송장을 매고 천하를 돌아다닌다. 짚신은 얼마나 닳았을까? 짚신값도 만만치 않을 것이다.

움직임과 움직이지 않음을 다 쓴다

"큰스님들이여! 산승이 밖에는 법이 없다고 말하면 공부하는 이들이 알아듣지 못하고 곧 안으로 알음알이를 지어서 벽을 보고 앉아 혀를 입천장에 붙이고 가만히 움직이지 않고 있다. 그리고는 이것을 조사문중[祖門] 의 불법이라 여기는데 크게 잘못 아는 것이다. 그대들이 만약 움직임이 없는 청정한 경계를 옳다고 여긴다면 그대들은 저 무명無明을 주인으로 잘못 아는 것이다. 옛사람이 이르기를, '깊고 깊어 캄캄한 구덩이는 참으로 무섭고 두렵다.'라고 하였는데, 이것을 두고 한 말이다."

해 설 _ 이 단락은 참선공부의 일종인 묵조사선默照邪禪을 비판하는 이야기다. 그때는 화두의 성격을 띤 법어는 많이 있었으나 특별히 그 법어를 오늘날 화두처럼 참구하기를 지도하는 일은 없었다. 선문답을 알아듣지 못하면 스스로 참구하고 사유할 뿐이었다. 또 묵조사선이라고 지칭하는 말도 없었다. 뒷날 그런 폐단이 너무 많기 때문에 그것을 바로잡기 위해 나온 말이다. 그러나 마음의 눈을 뜨는 공부에서 묵묵히 앉아 안으로 관하면서 생각이 움직이지 않고 가만히 있는 것만으로 조사문중祖師門中의 불법이라고 여기는 것은 크게 잘못된 것이다.

다시 말해서 무기공無記空에 떨어진 것이라고 할 수 있다. 캄캄한 무명의 상태를 대기대용大機大用, 전체작용全體作用의 주인공, 무위진인으로 오인한 것이다. 활발발하게 살아있는 큰 생명이 목석처럼 멍청한 상태가 되어 있다는 것은 매우 잘못된 것이다. 임제 스님이 삼도발문三度發問 삼도피타三度被打를 통하여 깨달은 경위를 생각해 보면 알 수 있다. 불법의 대의를 알고자 하다가 생각이 이러한 무기공의 상태로 기울어지는 경우가 비일비재하였기 때문이다. 그래서 그와 같은 병을 없애기 위해 뒷날 대혜大慧 스님은 선문답의 언어인 화두를 들고 참구할 것을 권하게 되었고, 화두를 참구하는 공부가 불교를 깨닫는 최 첨경의 방편이라 생각하여 오늘에 이른 것이다.

"그대들이 만약 움직이는 것을 오인해서 옳다고 한다면 온갖 초목들도 다 움직일 줄 아니 그것도 응당 도이리라. 그러므로 움직이는 것은 바람의 성질이고 움직이지 않는 것은 땅의 성질이다. 움직이는 것과 움직이지 않는 것이 모두 다 고정된 자성이 없다. 그대들이 만약 움직이는 곳에서 그것을 붙잡으려 하면 그것은 움직이지 않는 곳에 서 있다. 또 그대들이 만약 움직이지 않는 곳에서 그것을 붙잡으려 하면 그것은 움직이는 곳에 서 있다. 비유하자면 마치 물속에 있는 물고기가 물결을 치면서 뛰어오르는 것과 같다.

큰스님들이여, 움직임과 움직이지 않음이 두 가지 경계이다. 의지함이 없는 도인[無依道人]이라야 움직임도 쓰고 움직이지 않음도 쓰느니라."

해설 _ 우리들의 마음이 움직이는 것이 옳으냐? 움직이지 않는 것이 옳으냐? 하는 문제다. 불교를 한마디로 표현할 때 가장 많이 등장하는 말이 중도中道다. 움직임과 움직이지 않음은 선과 악의 상대적 견해와 같은 것이다. 그러므로 중도의 관점에서 볼 때 어느 쪽으로든 치우쳐 있으면 그것은 편견이고 변견邊見이다. 잘못된 견해다. 그래서 어디에도 의지함이 없는 무위진인은 움직임과 움직이지 않음을 다 쓰고 다 수용한다. 양변을 멀리 벗어나서 치우치지 않는다. 차遮와 조照의 동시적 삶을 산다. 그것이 불교적 삶이다.

왜냐하면, 선과 악과 움직임과 움직이지 않음과 있음과 없음과 사랑하고 미워함과 주관과 객관과 번뇌 무명과 보리 열반과 부처와 중생과 성인과 범부 등 이 모든 것이 본래로 공인데 다만 연기에 의해서만 존재하는 것이기 때문이다. 연기에 의해서 존재하므로 공이다. 공이기 때문에 연기에 의해서만 존재한다. 이런 이치를 한마디로 표현하면 중도라고 한다. 존재의 법칙이라고 한다. 이런 이치를 알아서 거기에 맞게 살면 그것이 중도적 삶이다. 중도적 삶을 사는 사람을 무의도인, 무위진인이라고 한다. 부처요 조사라고 한다. 그들은 혹은 동動을 쓰고 혹은 부동을 쓴다. 영가 스님이 말씀하시기를, "행할 때도 선이고 앉을 때도 선이다. 어 · 묵 · 동 · 정에 그 마음 편안하다."라고 하였다.

삼종근기로 판단한다

"큰스님들이여, 그대들은 바랑에 똥짐을 짊어지고 옆으로 내달리며 부처를 구하고 법을 구하는데, 지금 그렇게 구하는 바로 그 사람이 누구인지 그대들은 아는가? 활발발하게 작용하지만, 그 뿌리가 없으니 움켜잡아도 모이지 않고 펼쳐도 흩어지지가 않는다. 구할수록 더욱 멀어지고, 구하지 않으면 도리어 눈앞에 있다. 신령스런 소리가 귓전에 들리는데 만약 이것을 사람들이 믿지 않는다면 백 년 세월을 헛수고만 할 뿐이다."

해설 _ "똥자루를 짊어지고 옆으로만 내달린다." 옆이란 무엇인가? 치우친 소견이다. 유무, 선악, 동정, 고락, 증애, 역순, 시비 등등의 양변에 떨어진 견해다. 육조 스님도 도명을 만나 첫 법문에 "선도 생각하지 말고 악도 생각하지 말라."고 하였다. 선악 시비의 옆길을 헤매지 말라는 뜻이다. 세존이 처음 성도 하시고 다섯 비구를 찾아간 것도 고행의 삶과 쾌락의 삶, 그 어느 것에도 치우치지 말고 중도적 삶을 살기를 권하기 위해서다. "나는 중도를 깨달았노라."라는 〈중도 대 선언中道大宣言〉이 불타의 첫 일성이었다.

본래로 시비, 선악, 고락, 유무를 벗어난 지금 구하고 있는 그 사람을 아는 것이 문제의 열쇠다. 인간은 본래 그와 같은 치우친 견해가 아니다. 어디에도 치우치지 않은 그 본래 사람을 알라는 것이다. 그 사람은 온 우주적 작용을 하지만 무슨 뿌리나 줄기가 있는 것도 아니다. 그래서 움켜잡을 수도 없다. 흩어도 흩어지지가 않는다. 그래서 구하거나 찾으면 찾아질 것 같으나 찾을수록 멀어지는 것이 또한 이 사람이다. 차라리 찾지 않으면 눈앞에 있다. 저 바람 소리가 그 사람의 소리인가? 그 사람이 저 바람 소리인가? 지금 이 사람은 비시, 선악, 고락, 유무인가?

모두 다 놓아버려라

"도를 배우는 벗들이여! 한 찰나 사이에 연화장 세계에 들어가고 비로자나불의 국토에도 들어간다. 해탈국토에도 들어가고, 신통국토에도 들어가고, 청정국토에도 들어간다. 법계에도 들어가며, 깨끗한 곳에도 들어가고, 더러운 곳에도 들어간다. 범부의 세계에도 들어가고, 성인의 세계에도 들어가며, 아귀·축생의 세계에도 들어간다. 그러나 곳곳마다 찾고 또찾아보아도 아무 곳에도 생사가 있음을 보지 못하고 허망한 이름만 있을 뿐이다. 환영이며, 허깨비며, 헛꽃인 것을 애써서 붙잡으려 하지 말고, 이득과 손실과 옳고 그름을 일시에 모두다 놓아버려라."

 해설 _ 사람의 마음은 미묘 불가사의하다. 사람이 보고, 들고, 감지하고, 창조해내는 그 능력도 역시 무궁무진하다. 촌보도 움직이지 않고 일체 세계를 다 돌아다닌다. 한순간에 삼천 가지의 삶을 산다[一念三千]. 지옥, 아귀, 축생, 성인, 범부 등 없는 것이 없다. 작은 먼지 속에 앉아서 무한한 세계를 나타낸다. 그러나 그와 같은 사실이 분명하지만, 그 종적을 찾아보면 어디에도 태어나고 죽고, 가고 오고 하는 일이 없다. 허망한 이름뿐이다. 극락세계도, 화장세계도, 지옥세계도, 해탈도, 신통도, 청정하고 더러운 곳도, 범부도, 성인도, 아귀도, 축생도 모두가 헛된 이름뿐 실체는 없다.

그 인생이 어디쯤 왔던지 뒤돌아보면 영광도, 오욕도, 기쁨도, 슬픔도, 성공도, 실패도, 승리도, 패배도 텅 비어 없다. 누구나 똑같다. 부귀빈천, 남녀노소 그 누구에게나 한결같다. 한바탕 꿈이고 스쳐가는 환영이다. 인생사 일체가 환영이며, 허깨비며, 헛꽃인 것을 애써서 억지로 붙잡으려 하지 말라. 이득과 손실과 옳고 그름을 일시에 모두 다 놓아버려라. 깃털처럼 가볍게 살라. 물처럼 흘러가는 대로 마음 가는 대로 살라.

이런 노래가 있다. "굽이쳐 넘실대며 흘러가는 길고 긴 강물, 그 물결에 휩쓸리듯 옛사람들 모두 다 사라졌네. 옳고 그르고 이기고 지는 일 모두가 허망하여라. 청산은 예와 다름없건만 서산의 붉은 해는 몇 번이나 넘어갔던가. 고금의 많고 많은 일들 한바탕 웃음에 붙여 보낸다."

『신심명』의 글이다. 다시 한 번 음미해야 한다. 환화공화幻化空花 불노파착不勞把捉. 득실시비得失是非 일시방각一時放却. 인생은 결국 이것이다.

전통과 계보가 있어야 한다.

　"도를 배우는 벗들이여! 산승의 불법은 확실하고 분명한 선문의 정통을 계승한 것이다. 위로부터 내려온 마곡 화상과 단하 화상738-823 과 도일 화상709-788 과 여산 화상과 석공 화상은 한길로 조사선의 가풍을 천하에 두루 폈는데 아무도 믿지 않고 모두 비방만 하고 있다.

　예컨대 도일 화상이 법을 쓴 것은 매우 순수하여 잡티가 없었다. 그분으로부터 도를 배우던 3백에서 5백이나 되는 학인들은 모두 다 화상의 뜻을 보지 못하였다. 여산 화상은 자재하시고 참되고 바른 분이었다. 순으로 혹은 역으로 법을 쓰는 것을 학인들이 그 경계를 측량하지 못하고 모두 다 갈팡질팡 하였다. 단하 화상은 구슬을 굴리는 솜씨가 자유자재하여 보였다 안 보였다 한다. 찾아오는 학인마다 모두 꾸지람을 들었다.

마곡 화상이 법을 쓰는 것은 그 쓰기가 소태나무와 같아서 모두 가까이하지 못하였다. 또 석공 화상이 법을 쓰는 것은 화살 끝에서 사람을 찾는 것이어서 오는 사람들이 모두 두려워하였던 것이다."

해설 _ 세존이 자신의 정법안장正法眼藏을 가섭에게 전하고, 가섭은 다시 아난에게 전하고, 아난은 다시 상나화수에게 전하고, 상나화수는 다시 우바국다에게 전하였다. 이렇게 하여 28대에는 보리달마에게 전해졌다. 보리달마는 동토東土에 와서 초조初祖가 되고 그 후에는 2조 혜가, 3조 승찬, 4조 도신, 5조 홍인, 6조 혜능으로 전해졌다. 다시 남악에서 마조로, 마조에서 백장으로, 백장에서 황벽으로, 황벽에서 임제로 전해졌다.

본문에서 소개된 조사들은 모두 그 전통이 뚜렷하며 법을 활용하는 가풍이 독특하고 파격적이다. 그래서 사람들이 쉽게 알아보지 못했다. 조사들의 가풍이 제각각인 것을 생각해보면 깨달음의 경지는 같다고 하더라도 그 활용에는 다 타고난 성격에 따라 판이하게 다른 것을 알 수 있다. 한 사람도 같은 이가 없다. 그렇다면 깨달음의 삶이란 결국 지금 사람 사람들이 살아가고 있는 모습 그대로인 것이다. 단지 존재 일체를 보는 시각이 좀 달라졌을 뿐이다. 깨달았다고 해서 사람이 달라지는 것도 아니고 달라질 필요도 없다. 각양각색의 다른 삶의 모습 그대로 깨달은 삶의 모습이다. 복숭아꽃은 붉고 배꽃은 희다. 황새 다리는 길고, 오리 다리는 짧다. 감나무에는 감이 열리고 밤나무에는 밤이 열린다. 산은 산, 물은 물 그대로다.

　깨닫기 전이나 깨달은 후나 차별한 것은 여전히 차별하고 평등한 것은 여전히 평등한 그대로다.

옷 입은 것에 속지 말라

"산승이 오늘날 법을 쓰는 것은 진정으로 만들기도 하고 부수기도 하며 가지고 놀기도 하고 신통 변화를 부리기도 한다. 일체 경계에 들어가지만 가는 곳마다 아무 일이 없어서 경계가 나를 빼앗지 못한다. 누가 찾아와서 구하는 이가 있으면 나는 곧바로 그를 알아보지만, 그는 나를 알아보지 못한다. 그래서 내가 곧 몇 가지 옷을 입어 보이면 학인들은 알음알이를 내어 한결같이 나의 말 속으로 끌려 들어오고 마니 슬픈 일이다."

해설 _ 앞에서 다섯 분 선지식의 가풍을 간략히 소개하고 여기서는 임제 스님 자신이 법 쓰는 가풍 일부를 이야기하고 있다. 진정으로 만들고 부순다. 마술 하는 사람이 구슬을 가지고 희롱하듯 보였다가 감췄다가 한다. 또는 하나를 보이다가 여러 개를 보이기도 한다. 그 신묘한 변화는 현란하다. 그리고 모든 경계에 자유자재로 드나든다. 청정한 경계나 더러운 경계나 성인의 경계나 범부의 경계나 부처의 경계나 중생의 경계에 다 드나든다.

그러나 그 모든 경계에서 아무런 일이 없다. 그래서 경계가 나를 빼앗거나 바꾸어 놓지 못한다. 수처작주隨處作主다. 어떤 상황이든 나는 그 상황에 따라가지 않고 나는 나로서 당당하게 주인으로 산다. 명예와 이익이 나를 유혹하더라도, 칭찬과 비방이 나를 흔들더라도 나는 여여히 동요하지 않는다. 가난과 고통이, 병고와 몰락이, 패배와 오욕이 나를 나락으로 빠뜨리더라도 나는 당당하고 유유자적하다. 내가 하는 일에 시기와 질투로써 헐뜯고 모함하고 욕하고 방해하더라도 나는 연민의 정을 가지고 그들을 가엾고 불쌍하게 생각한다. 가르치고 제도해야 할 사람들로 생각한다. 함께 덩달아 열을 올리거나 시비를 삼지 않는다. 수처작주, 수처작주 한다.

법을 씀에 있어서 사람들이 찾아오면 나는 그들을 곧 알아차린다. 여러 가지 옷을 바꿔 입어가며 변신을 해 보이듯이 작용에 변화를 보이면 학인들은 그 뜻을 모른 채 말에만 끌려다닌다. 마치 흙덩이를 쫓아가는 삽살개 같다. 흙덩이를 던지는 그 사람을 물 줄 모른다. 슬프고 안된 일이다.

"큰스님들이여! 그대들은 옷을 잘못 알지 말라. 옷은 제 스스로 움직일 수 없다. 사람이 능히 옷을 입을 수 있다. 청정한 옷이 있고, 생사가 없는 옷이 있으며, 보리의 옷과 열반의 옷이 있으며, 조사의 옷과 부처의 옷도 있느니라. 큰스님들이여! 다만, 소리와 명칭과 문구 따위로만 있을 뿐 모든 것은 옷에 따라 변화하는 것들이다. 배꼽 아래 단전으로부터 울려 나와서 이빨이 딱딱 부딪쳐 그 글귀와 의미를 이루는 것이니, 이것은 분명히 환화임을 알아야 한다."

해설 _ 옷이 날개라는 말이 있듯이 사람은 옷을 입는 것에 따라 달리 보인다. 도둑놈 사기꾼도 승복만 입고 있으면 수행하는 스님으로 알고 있다. 옷으로써 의식의 변화와 법을 쓰는 작용을 상징하여 말씀하신 것은 매우 뛰어난 발상이다. 선지식이라고 해서 다 할 수 있는 법어가 아니다. 옷에는 여러 가지가 있다. 위에서 열거한 것처럼 불교의 여러 가지 고급스러운 옷들을 걸어놓고 전을 편다. 가끔 입어 보이기도 한다. 그런데 옷만 입고 있어도 실제로 그와 같은 존재가 있는 것으로 속는다. 눈이 없는 사람들은 곧바로 사기를 당한다. 옷을 입었다 벗었다 하는 그 사람은 옷에 관계없이 늘 그 사람이며 차별 없는 참사람이다.

청정이니, 생사가 없느니, 보리니, 열반이니, 조사니, 부처니 하는 명칭을 일컫는 소리는 모두 옷에 불과하다. 그 소리들은 사람이 소리를 질러서 나오는 음성이다. 먼 하늘가에 메아리 되어 흩어지고 만다. 불을 아무리 말해도 입은 타지 않는다. 아무리 조사와 부처를 말하더라도 말을 하는 즉시 흩어지고 만다. 그보다 천만 배 수승한 말을 하더라도 역시 마찬가지다. 허망 그 자체다. 환영이다. 실체가 없는 환상이다.

그렇다면, 무엇이 있는가? 있는 것은 무엇인가? 과연 있는 것은 있는가? 무위진인을 말하고 있으나 그 역시 옷이다. 본체는 공적한 것이다. 먼 하늘가로 흩어지고 마는 메아리일 뿐이다. 어떤 원인과 조건에 의해서 잠깐 존재할 뿐이다. 그 역시 환영이요, 환상일 뿐이다. 공이다. 원인과 조건이 효과가 있는 동안만 잠깐 있는 듯하다가 공으로 돌아간다. 그래서 본래 공이라고 한다. 그러므로 무위진인도 연기며 공이다. 공이며 연기다. 이것이 모든 존재의 법칙인 중도의 원리다.

"큰스님들이여! 밖으로 소리 내어 말을 하고, 안으로 마음 먹은 것을 표현하며, 생각으로 헤아리는 것은 모두가 옷에 지나지 않는다. 그대들이 그렇게 걸치고 있는 옷을 오인하여 실다운 견해라고 여긴다면 한량없는 세월을 보내더라도 다만 옷에 대해서만 통달할 뿐이다. 삼계를 돌고 돌며 생사에 윤회하게 되니 차라리 아무 일 없는 것만 같지 못하니라. 서로 만나도 알아보지 못하고, 함께 이야기해도 상대의 이름을 알지 못하는 격이다."

해 설 _ 생각하고 말하는 것 모두가 옷이다. 주의 주장과 사상과 개념이 모두 옷이다. 의식, 사량, 계교, 분별이 모두 옷이다. 사람들의 의식의 세계에서 펼치는 모든 것이 옷이다. 옷을 오인하여 실다운 견해라고 생각한다면 아무리 오랜 세월이 지나더라도 헛일이다. 다만, 옷에 대해서만 도통을 했을 뿐이다. 사량 분별과 세지변총世智辯聰만 발달해봐야 삼계를 돌고 돌며 생사에 윤회할 뿐이다. 아무런 일이 없는 것만 같지 못하다. "서로 만나도 알지 못하고, 함께 이야기를 나누어도 상대의 이름을 모른다."라는 말은 매우 적절한 인용이다.

우리가 사람을 안다는 것이 도대체 무엇을 안다는 것인가? 과연 알기나 하는 것인가? 평생을 함께 살아도 실로 아는 것은 아무 것도 없다. 마찬가지로 불교를 알고, 이치를 알고, 진리를 알고, 부처를 알고, 조사를 알고, 보살을 알고, 나한을 안다는 것이 역시 그렇다. 다만, 그와 같은 말과 외형을 따라 끝없이 윤회할 뿐이다.

불여무사不如無事. 상봉불상식相逢不相識. 공어불지명共語不知名. 거듭 음미해 볼 말이다. 사유하고 반성하라.

참 부처는 형상이 없다

"큰스님들이여! 그대들은 바쁘게 제방을 쏘다니며 무엇을
구하느라고 그대들의 발바닥이 부르트도록 걸어다녔는가?
부처는 구할 수 없고, 도는 이룰 수 없으며, 법은 얻을 것이 없
느니라. 밖으로 형상이 있는 부처를 구한다면 그대들과는 닮
지 않은 것이다. 그대들의 본래 마음을 알고자 하는가? 함께
있는 것도 아니고, 떠나 있는 것도 아니다. 도를 배우는 벗들
이여! 참된 부처는 형상이 없고, 참된 도는 실체가 없으며, 참
된 법은 모양이 없다. 이 세 가지 법이 섞이고 융통하여 한 곳
에 화합한 것이니, 이러한 이치를 알지 못하는 것을 망망한 업
식중생이라고 한다."

 해설 _ 불교를 알기 위해서 얼마나 많은 시간을 소비하였는

가? 불법을 깨닫기 위해서 천하의 선지식을 찾아 얼마나 많이 헤매었던가? 당시에 계셨던 모든 선지식들을 다 찾아보지 않았던가? 읽어보고 찾아본 성인들의 말씀과 경전 어록들은 또 얼마나 되는가? 모든 인간적인 것들을 다 포기한 채 잠을 쫓아가며 먹을 것을 참아가며 살아온 날들이 그 얼마던가? 인간으로서의 모든 미련들을 끊기 위하여 '한 번 청산에 들어가면 다시는 세상에 돌아오지 않으리라[一入靑山更不還].'라는 구절을 염불을 외듯 외우며 보낸 세월이 또 얼마던가? 부처는 구할 수 없고, 도는 이룰 수 없으며, 법은 얻을 것이 없는데 참으로 아득하고 망망한 업식중생業識衆生 그대로였다.

　참 부처는 형상이 없고, 참된 도는 실체가 없으며, 참된 법은 모양이 없다. 모양 없는 모양도 없다. 눈으로 볼 수 있는 모양도 없고, 눈으로 볼 수 없는 모양도 없다. 모양이 없다고 하는 그 모양도 없다. 그래서 『금강경』에서는 "만약 물질로써 나를 보거나 음성으로써 나를 구하면 이 사람은 삿된 도를 행하는 것이다. 결코, 부처를 볼 수 없으리라." "무릇 형상이 있는 것은 다 허망한 것이니, 만약 형상에서 형상이 없음을 보면 곧 여래를 보리라." 하였다. 그래서 또 영가 스님은 "제행이 무상하여 일체가 공한 것이 곧 여래의 크고 원만한 깨달음이다."라고 하였다. 오늘의 공부는 진불무형眞佛無形, 진도무체眞道無體, 진법무상眞法無相이다. 마음이 부처고, 부처는 그런 형상이나 체상이 없다. 부처니, 도니, 법이니 해도 이름이 다르고 말이 다르지, 모두가 마음 아닌가?

진불眞佛 · 진법眞法 · 진도眞道

"무엇이 참 부처며, 참 법이며, 참된 도인지 비옵건대 가르쳐 주십시오!"

"부처란 마음이 청정한 것이고, 법이란 마음이 밝은 것이며, 도란 어디에나 걸림이 없는 깨끗한 빛이다. 이 셋이 곧 하나이니 모두가 헛이름일 뿐, 실제로 있는 것은 아니다. 진정한 도를 지어가는 사람이라면 순간순간 마음에 틈새가 없어야 한다."

해설 _ 불교는 심외무법心外無法이다. 마음밖에는 아무것도 없다. 일체유심조一切唯心造다. 이 마음이 모든 것을 만든다. 부처도 만들고 조사도 만들고 보살과 아라한도 만든다. 부처니, 법이니, 도니 하는 여러 가지의 이름을 쓰고 있으나 그 또한 한마음이다. 한 마음이면서 또한 모든 것이기 때문에 일체다. 그래서 일즉일체一卽一切 일체즉

일一切即一이다. 한순간이 한량없는 시간이고, 한량없는 시간이 곧 한순간이다. 먼 과거의 그 많은 오욕과 영광과 숱한 우여곡절들이 모두 지금 이 한순간이다. 끝없는 미래도 역시 존재하는 것은 지금 이 한순간이다. 지금 이곳에서 이 한순간의 이 마음밖에는 모두가 공이다. 무다. 없다. 마음도 없다. 그래서 나는 없다. 모든 것은 없다. 진정으로 도를 지어가는 사람이라면 어떤 장소, 어떤 시간에서도 궁극적 진리의 현현顯現이며, 진리의 현현은 곧 없음이다. 그리고 무엇을 보든, 무엇을 듣든, 보고 듣는 이 모든 것이 곧 진리의 현현이며, 이 진리의 현현은 곧 없음이라는 사실이다.

"달마 대사께서 인도에서 오신 것은 다만 남에게 속지 않는 사람을 찾기 위해서였다. 뒤에 2조를 만났는데, 2조가 한마디 말에 곧 깨닫고 비로소 종전의 공부가 헛된 것이었음을 알게 되었던 것이었다."

해설 _ 달마 대사가 인도에서 중국으로 온 뜻에 대하여 그 말이 분분하다. 오고 간 행적도 이야기하려면 장황하다. 어떤 사람은 뜰 앞의 잣나무라고 하였다. 곧바로 사람의 마음을 가리켜서 성품을 보고 부처를 이루게 하기 위함이라고도 하였다. 사람이 곧 부처라는 사실을 알리기 위해서라고도 하였다. 임제는 다만 남에게 속지 않는 사람을 찾기 위해서 왔다고 하였다.

달마는 2조 혜가慧可대사를 만났다. 혜가는 달마에게 불안한 마음을 편안하게 해 달라고 하였다. 달마는 불안한 그 마음을 가져오면 편안하게 해 주겠다고 하였다. 혜가는 불안한 마음을 가져가기 위해 찾아보았으나 찾을 수 없었다. 그래서 "마음을 찾아도 찾을 수 없습니다."라고 하니, "찾아진다면 어찌 그것이 그대의 마음이겠는가? 나는 벌써 그대의 마음을 편안하게 해 주었다."라는 말에 곧바로 깨달았다. 알고 보니 종전의 공부가 헛된 공부였음을 비로소 알았다. 마음, 마음 하지만 마음마저 없다는 사실을 안 것이다. 마음도 없는데 불안이 어디에 있겠는가? 남에게 속지 않는 사람 혜가, 달마는 그런 혜가를 찾았다.

"산승의 금일의 견해는 조사나 부처와 다르지 않다. 만약 제 일구에서 깨달으면 할아버지 부처의 스승이 된다. 만약 제 이구에서 깨달으면 인간과 천상계의 스승이 된다. 만약 제 삼구에서 깨달으면 자기 자신마저도 구제하지 못할 것이다."

해설 _ 법어나 경문이나 기연機緣에 제 일구, 제 이구, 제 삼구의 차별이 있는 것이 아니다. 같은 법어라도 듣는 사람이 받아들이는 데 따라 차별이 나누어진다. 경문이나 기연도 역시 그렇다. 사구死句와 활구活句도 역시 그렇다. 육조 혜능 스님이 불교를 전혀 모를 때

『금강경』의 한 구절을 듣고 마음의 문이 열린 일이 있다. 마치 부드러운 흙 위에 물을 붓는 것과 같다. 보통 불자들은 『금강경』이 뚫어지도록 읽어도 깜깜무소식이다. 마치 차돌 위에 물을 쏟아 붓는 것과 같다. 육조 스님에게는 『금강경』이 제 일구가 되었다. 책이 뚫어지도록 읽은 보통 불자들은 『금강경』이 제 삼구에도 미치지 못했다. 작은 한 소리의 '할' 에도 깨닫는 사람이 있다. 그러나 스피커를 틀어놓고 고막이 터지도록 '할' 을 외쳐대도 깜깜무소식인 사람이 있다.

삼구에는 이런 이야기도 있다. "제 일구로 듣는 것은 마치 허공에다 도장을 찍는 것과 같고, 제 이구로 듣는 것은 마치 물에다 도장을 찍는 것과 같고, 제 삼구로 듣는 것은 마치 진흙에다 도장을 찍는 것과 같다." 흔적이 남는 것에 대한 차이를 표현한 말이다. 도는 우주에 꽉 차 있고 우리들의 곁을 한순간도 떠나 있는 것이 아니다. 그러니 무슨 흔적이 있겠는가?

몸과 마음이 부처와 다르지 않다

"달마 대사께서 서쪽에서 오신 뜻은 무엇입니까?"

"만약 뜻이 있다면 자기 자신도 구제하지 못하였을 것이다."

"이미 뜻이 없었다면 2조께서는 어떻게 법을 얻었습니까?"

"얻었다는 것은 얻지 못했다는 것이다."

"이미 만약 얻지 못했다면 어떤 것이 얻지 못했다는 뜻입니까?"

"그대들은 모든 곳을 향하여 치달려 구하는 마음을 쉬지 못하므로 달마 조사께서 말씀하시기를, '애닯다. 장부들아! 머리가 있는데 또 머리를 찾는구나.' 하신 것이다. 그대들은 말 끝에서 곧 스스로 자신의 본래 모습을 되돌아보아라. 더 이상 다른 데서 찾지 말고 이 몸과 마음이 할아버지 부처와 다르지 않음을 알아서 당장에 아무 일 없게 되면 바야흐로 법을 얻었다고 하는 것이다."

해 설 _ "달마 대사께서 서쪽에서 오신 뜻은 무엇입니까?"
라는 질문이 근본적으로 틀린 질문이다. 그런데 수많은 사람들은 처음
부터 틀린 그 질문에 숱한 답을 하고 있다. 틀린 질문에 답을 한들 맞
을 리가 없다. 말꼬리를 물고 계속해서 진행하더라도 역시 틀리기는
마찬가지다.

그러나 임제 스님의 대답은 틀려도 매우 절묘한 데가 있다. 눈여겨
볼 일이다. "얻었다는 것은 얻지 못했다는 것이다." 머리가 있는데 머
리를 찾는 일이 옳겠는가? 설사 찾아서 다시 머리 위에 올려놓았다고
가정하자. 그 꼴이 무엇인가? 귀신도 그런 모습은 하지 않을 것이다.
그러니 얻었다는 것은 곧 얻지 못한 것이 될 수밖에 없다. 철저히 지금
현재의 너 자신에게서 조금도 달라질 수 없다는 사실이다. 본래 성불
인데 달리 무엇을 찾고 구한단 말인가? 부처도 조사도 보고 듣고 알고
느끼는 그대 자신이다. 달마도 달마가 오신 뜻도 역시 그대 자신이다.

밥값을 갚을 날이 있으리라

"큰스님들이여! 산승이 오늘 부득이해서 쓸데없이 더러운 소리를 많이 하고 있는데 그대들은 착각하지 말라. 내가 보기에는 실로 이처럼 허다한 도리는 없다. 작용하게 되면 곧 작용하고 작용하지 않으면 곧 쉰다."

 해설 _ 임제 스님은 자신이 부득이해서 이런저런 소리를 많이 했다고 한다. 그러나 그런 것들은 모두 쓸데없고 더러운 소리다. 그 소리를 주워 모아 기록한 이 임제록도 역시 똥을 닦는 휴지에 불과하다. 여타의 무수한 경전 어록들이야 물어 무엇 하랴? 수많은 사람이 지껄인 말들이야 물어 무엇 하랴? 왜 그런가? 그와 같은 허다한 도리가 실은 전혀 없기 때문이다. 없는 것을 있는 것처럼 떠들어대고, 떠든 것들을 기록으로 남긴 것이기 때문이다.

그렇다면, 어떻게 해야 하는가? 너무 막연하지 않은가? 그것에 의지하여 참선도 하고 염불도 하고 간경도 하고 주력도 하고 기도도 하며 살아왔는데…….

작용할 일이 있으면 곧 작용하고 작용할 일이 없으면 그대로 쉬면 된다. 볼 일이 있으면 보고, 들을 일이 있으면 들으라. 배가 고프면 먹고 피곤하면 잠을 자라. 사람을 만나면 대화를 나누고 혼자 있으면 그대로 있으라. 해는 뜨고 지고 계절은 오고 간다. 바람은 불고 멎고, 꽃은 피고 지고 한다. 지금의 필요한 인연을 따라 물이 흐르듯 살면 된다.

이것이 임제 가풍이다. 한국불교는 모두가 임제 가풍을 표방하고 있다. 또 그것을 큰 영광으로 생각하고 자랑으로 여긴다. 한국의 스님들은 목탁을 쳐서 생업으로 살아가고 있는 사람들도 그들이 하는 축원을 들어보면 '임제 스님의 문중에서 영원히 인천의 안목이 되소서[臨濟門中 永作人天之眼目].'라고 한다. 이것은 돌아가신 스님들을 빌 때 가장 요긴하고 핵심이 되는 축원문이다. 그만큼 임제 스님의 가르침과 그의 사상을 흠모하여 길이 이 세상의 눈이 되어 달라는 뜻이다. 그렇다면, 모든 스님들은 이 임제록에 있는 모든 가르침을 최상의 바른 법으로 숭상하여 따르고 실천해야 하는 것은 너무도 당연한 일이다.

요용변용要用便用 불용변휴不用便休. 불교공부란 바로 이것이다. 이것이 수행이다. 이것이 참선이다. 곧 사람 사는 일이다.

"다만 제방에서는 육도만행을 부처님의 법이라고 말하지 만 나는 그것을 장엄하는 것이고 불사를 짓는 일이지 불법은 아니라고 말한다. 몸과 마음을 깨끗이 하는 재계를 지키고 계 행을 가지며, 기름이 가득 찬 그릇을 들고 가도 출렁거리지 않 게 조심스럽고 신중하게 행동하더라도 도를 보는 안목이 밝지 못하면 모두가 빚을 지지 않을 수 없으니 밥값을 갚을 날이 있 을 것이다. 어째서 그런가? 불도에 들어와서 이치를 통하지 못하면, 몸을 바꾸어 신도들의 시줏빚을 갚아야하기 때문이 다. 그래서 장자가 81살이 되자 그의 집에 있는 나무에서 비 로소 버섯이 나지 않았다는 이야기도 있는 것이다."

해설 _ 보시·지계·인욕·정진·선정·지혜 등 불교가 권하는 여섯 가지 덕목은 승속을 막론하고 불자들이 실천해야 할 생활 지침으로 삼고 있다. 그러나 그것은 불법이 아니고 우리가 살아가는데 장엄일 뿐이다. 불교를 위한 일거리[佛事]일 뿐이다. 그냥 해보는 모양 새 갖추기다. 재계를 잘 행하고 계율을 철저히 지키더라도, 삼천 가지 위의와 팔만 가지 세세한 행동에 아무런 결손이 없더라도, 그리고 부 처님 앞에서 신중하고 겸손한 모습이 아무리 빼어나더라도 도안道眼 이 어두우면 모두가 빚을 짊어진 것이다. 언젠가 밥값을 갚을 날이 있 을 것이다.

약간 옆길로 새는 이야기를 덧붙일까 하는데, 그렇다면 밥값을 따로 갚지 않아도 되는 육도만행과 불교를 위한 일은 무엇일까? 영명 연수

선사는 이렇게 말했다. 진부한 소리 같지만, "보시를 하는 마음의 흔적 없이 보시를 해라. 계를 지키더라도 지키는 마음의 흔적 없이 계를 지키라." 등이다. 또 "우리들의 몸은 텅 비어 없음을 보면서 몸을 단장하고 위의도 갖추고 화장도 아름답게 하라. 본래로 설할 것이 없는 이치를 깨닫고 설법을 해라. 사찰을 건립하되 마치 물에 비친 그림자라는 사실을 알고 하라. 등상불等像佛에게 꽃과 향과 과일 등 온갖 공양거리를 올리더라도 그것들이 모두 환영이며 헛것이라는 사실을 알고 올리라. 그림자요 메아리인 여래에게 공양 올리라. 죄란 그 성품이 텅 비어 없음을 알고 참회하라." 등등이다.

육바라밀과 불교의 제반 신행 활동들을 중도적 입장에서 설명하고 있다. 따라서 연기이며 공인 입장에서 설명하고 있다. 모든 것은 공이며 연기이며 중도의 원리에서 벗어나 있지 않다. 일체 사물과 일체 사건이 다 그렇다. 그러므로 중도의 원리에 맞게 육바라밀을 닦고 신행 활동과 불사를 해야 한다는 뜻이다. 중도의 원리에 맞게 하면 따로 밥값을 갚을 일이 없다.

"불도에 들어와서 이치를 통하지 못하면……" 운운한 것은 제15조 가나제급존자의 게송이다. 존자는 인도의 비라국을 찾았을 때 79세 된 장자와 그의 아들이 있었다. 그들은 일찍이 수행하는 한 비구를 성의를 다해서 공양했다. 그 비구는 불법을 깨닫지 못하고 죽은 뒤에 그 장자의 집에 나무 버섯으로 환생하여 그 장자가 81세가 될 때까지 계속 돋아나면서 공양받은 빚을 갚았다고 한다. 또 그의 부인은 평소에 공양드리는 것을 못마땅하게 생각했으므로 버섯이 눈에 보이지 않았다고 한다. 가나제급 존자로부터 이러한 이치를 알게 된 장자의 아들은 뒤에 출가 수행하여 제16조 라후라다 존자가 되었다.

금생에 마음의 도리를 밝히지 못하면 물 한 방울의 빚도 갚기 어렵다는 무서운 말도 있다. 그러나 불법을 잘 아는 사람은 하루에 일만 냥의 황금을 써도 다 녹일 수 있다.

도인은 자취가 없다

"외로운 산봉우리에 혼자 살며, 아침 한 끼만 공양을 하고, 눕지도 않고 앉아서 밤낮으로 도를 닦는다 하여도 모두 다 업을 짓는 사람들이다. 머리와 눈과 골수와 뇌를 보시하고, 나라와 성곽과 아내와 자식을 보시하고, 코끼리와 말과 일곱 가지 값진 보물들을 모조리 다 기꺼이 보시하더라도 이와 같은 견해는 모두가 몸과 마음을 괴롭히기 때문에 괴로운 과보를 다시 불러오는 것이다. 차라리 아무 일도 없이 순일하여 잡스런 것이 없는 것만 같지 못하니라."

해 설 _ 불교의 고행에는 여러 가지가 있다. 결코, 권장하는 일은 아니지만, 위에서 소개한 것들이다. 세존도 성도하시기 전에 숱한 고행을 하였다. 그러나 고행은 고통의 과보를 불러올 뿐이다. 바람직한 수행은 아니다. 그래서 세존도 나중에는 고행을 버렸다.

세존께서 깨달음을 이루고 나서 다섯 비구들을 찾아가서 첫 마디 말이 "나는 중도를 깨달았노라. 향락의 삶도 고행의 삶도 정상적이거나 바람직한 삶의 길이 아니다. 모든 존재는 중도의 법칙에 의하여 존재한다. 그러므로 중도의 삶을 살아야 한다. 그러므로 내가 고행을 포기하고 떠난 것을 타락한 것이라고 오해한 것을 풀어라. 나는 여러분의 그와 같은 오해를 풀기 위해서 제일 먼저 이곳에 왔노라."라고 했다.

중도의 삶이란 무엇인가? 아무 일없이 순일하고 잡스런 것이 없는 삶이다. 인연을 따라 배가 고프면 먹고, 피곤하면 잠을 자는 것이다. 이것이 진정한 불교적 삶의 길이다. 모든 인생사란 결코 있는 것도 아니고, 없는 것도 아니기 때문이다.

좋은 말씀을 또 소개한다. 불여무사不如無事 순일무잡純一無雜하게 살라. 모두 왜 이렇게 못 사는가?

"또 십지에 오른 보살조차도 이 도인들의 자취를 찾을 수 없는 것이다. 그러므로 모든 천신들이 기뻐하고 지신들이 그의 발을 받들어 모시며, 시방의 모든 부처님들이 칭찬하지 않는 이가 없다. 어째서 그런가? 지금 법문을 듣고 있는 도인이 작용하는 그곳에는 아무런 자취가 없기 때문이니라."

해설 _ 그와 같이 사는 사람의 자취는 아무리 수행이 많이 된 사람이라 하더라도 찾지 못한다. 차별 없는 참사람의 자리에 있기 때문이다. 차별 없는 참사람은 지금 이 순간 법문을 듣는 그 사람이다. 그리고 모든 사람은 다 차별 없는 참사람이다. 그 사람은 아무리 작용이 활발하더라도 아무런 자취가 없기 때문이다. 본래로 사람은 아무런 자취가 없다. 자취 없이 왔다가 자취 없이 가는 것이 인생이다. 먼 하늘가에 자취 없이 사라지는 흰 구름일 뿐이다.

'태어남이란 어디서 오는가? 죽음이란 어디로 가는가? 태어난다는 것, 한 조각 뜬 구름이 일어나는 것이다. 죽는다는 것, 한 조각 뜬 구름이 사라지는 것이다. 뜬 구름 그 자체 본래로 실체가 없듯, 태어나고 죽고, 가고 오고 하는 것도 본래로 그 실체가 없더라.'

그러면서도 이렇게 분명히 보고, 듣고, 울고, 웃고, 지지고, 볶고 하는 것, 이 또한 인생의 실상이다. 우리 인생은 인연과 조건으로 잠깐 있다가 인연과 조건이 끝나면 사라진다. 그래서 인생은 공이다. 무다. 있으면서 없는 것, 없으면서 있는 것, 이런 원칙을 한마디로 표현하면 중도라고 한다. 천지지간天地之間 만물지중萬物之中 에서 가장 존귀한 사람이 그렇거늘 다른 것이야 논해 무엇 하랴?

마음 따라 모든 법이 생기고 소멸한다

"도를 배우는 벗들이여! 그대들이 부처가 되고자 한다면 일체 만물을 따라가지 마라. 마음이 생겨나면 갖가지 법이 생겨나고, 마음이 없어지면 갖가지 법이 없어진다. 한 마음이 생겨나지 않으면 만법에 허물이 없다. 세간이건 출세간이건 부처도 없고 법도 없다. 나타난 적도 없고 일찍이 잃어버린 일도 없다."

해설 _ 그대들이 부처가 되고자 한다면 일체 만물을 따라가지 말고 자기 자신을 지키라. 어떤 상황에서도 종이 되지 말고 주인이 되라. 주인 노릇만 제대로 하면 그것이 곧 부처다. 상황에 끄달리지 말고 당당하게 나 자신으로 있어라. 이 세상의 주인은 바로 나다. 나 외에 또 다른 내가 있을 수 있겠는가? 내 마음 하나에 온갖 세상이 다 살아나고, 내 마음 하나에 온갖 세상이 다 없어진다. 세상을 내 마음대로 만들고 부순다. 이보다 더 위대한 존재가 있겠는가? 이보다 더 큰 힘을 가진 자가 있겠는가? 울고 웃는 것도 내가 하는 일이다. 누가 나를 어떻게 할 수는 없다. 그런데 왜 이끌려 다니는가? 수처작주隨處作主하라. 나 외에 아무것도 없다. 부처도 없고 법도 없다.

심생종종법생心生種種法, 심멸종종법멸生 心滅種種法滅. 불자가 이 말을 모르면 안 된다. 그동안 불교공부 헛한 것이다. 또 잊어서는 안 될 구절이 있다. 일심불생 만법무구一心不生 萬法無咎다.

"설혹 부처와 법이 있다 하더라도 그것은 모두가 명칭과 말과 문장일 뿐이다. 어린아이들을 달래기 위한 것이다. 병에 따라 쓰이는 약이다. 표현하는 이름과 문구일 뿐이다. 그런데 이름과 문구도 스스로 이름과 문구라고 하지 않는다. 또한, 그대들 눈앞에서 아주 밝고 분명하게 느끼고 듣고 알며 비춰보는 그 사람이 모든 이름과 문구를 만들어 두었다."

해설 _ 경전 어구란 우는 아이를 달래는 방편이다. 어린아이가 울 때 어머니는 밖에 호랑이가 왔다고 거짓말을 하여 아이의 울음을 그치게 한다. 경전상에 나타난 무수한 부처님과 보살들 역시 우는 어린아이들을 달래는 방편의 말이다. 병에 따라 약을 베푸는 일이다. 그래서 임제 스님은 "설혹 부처와 법이 있다 하더라도 그것은 모두가 명칭과 말과 문장일 뿐이다."라고 한 것이다.

부처님과 보살들을 표현하는 명구는 다 사람들이 만든 것이다. 지금 목전에서 소소영령하게 지각하고, 듣고, 알고 하는 그 사람이 일체 명구들을 만들었다. 백 보 양보하여 말하더라도 우리들의 근본 스승인 석가모니의 말씀으로부터 나온 것이다. 그리고 그 외의 여러 깨달으신 분들의 말씀에서 나온 것이다.

오무간업

"큰스님들이여! 무간지옥에 떨어질 다섯 가지 업을 지어야 바야흐로 해탈하게 되느니라."

"무엇이 오무간업입니까?"

"아버지를 죽이는 것과 어머니를 해치는 것과 부처님의 몸에 피를 내는 것과 화합 승단을 깨뜨리는 것과 경전과 불상을 불사르고 깨트리는 것이 오무간업이다."

"무엇이 아버지입니까?"

"무명이 아버지다. 그대들이 한 생각 마음이 일어났다가 없어졌다 하는 곳을 찾을 수 없어 마치 허공에 메아리가 울리는 것 같고, 어디를 가나 일이 없는 것이 아버지를 죽인 것이니라."

"무엇이 어머니입니까?"

"탐내고 애착하는 것이 어머니이다. 그대들의 한 생각 마음이 욕계에 들어가 그 탐내고 애착하는 것을 찾아보아도 오직 모든 법은 공한 모양임을 볼 뿐이고, 어디에도 집착하지 않는 것이 어머니를 해친 것이니라."

"무엇이 부처님의 몸에 피를 내는 것입니까?"

"그대들이 청정한 법계에서 한 생각 마음에 알음알이를 내지 않고 어디에서든 캄캄한 것[절대평등]이 부처님의 몸에 피를 내는 것이니라."

"무엇이 화합승단을 깨뜨리는 것입니까?"

"그대들의 한 생각 마음이 번뇌의 속박을 바르게 통달하여 마치 허공이 의지하는 바가 없는 것 같은 것이 화합승단을 깨뜨린 것이니라."

"무엇이 경전과 불상을 불사르는 것입니까?"

"인연이 비고, 마음이 비고, 법이 비었음을 보아서 한 생각에 단연코 끊어서 초연히 일이 없는 것이 경전과 불상을 불사르는 것이니라."

해설 _ 다섯 가지 무간지옥에 들어갈 죄업을 매우 독특한 견해로 풀이하였다. 불교도라면 이 세상에서 가장 소중하게 생각해야 할 것이 아버지, 어머니, 부처님, 승단, 경전과 불상들이다. 이것들을 해치는 것을 일반 불교에서는 큰 죄악으로 생각해서 무간지옥에 들어갈 조건이 된다고 하였다.

임제 스님은 해친다는 것을 특별한 뜻으로 해석하여 이 다섯 가지 업을 지어야 비로소 해탈한다고 하였다. 선문에서 가끔 보이는 좀 장난기 있는 엉뚱한 해석이다. 어떤 조항이든 일관성 있게 말씀하신 것은 텅 비어 없음이다. 인연이 비고, 마음이 비고, 법이 비고, 번뇌의 속박이 없고, 알음알이가 없고, 탐욕과 애착이 공하고, 무명으로 생멸하는 것은 허공의 메아리 같아야 한다고 하였다.

좋은 것도 나쁜 것도 모두 텅 비어 없어야 한다. 세상사는 좋은 것이 있으면 당연히 나쁜 것도 있기 마련이다. 낮이 있으면 밤이 있듯이, 올라가면 내려가야 하듯이, 흥망성쇠는 세상의 순리다. 춘하추동 사계절은 쉬지 않고 순환한다. 생자필멸 회자정리의 법칙 그대로다. 그래서 모든 것은 상대적이다. 이러한 이치를 알면 불어난다고 기뻐할 것도 아니고, 줄어든다고 슬퍼할 것도 아니다. 만났다고 기뻐할 것도, 헤어진다고 슬퍼할 것도 아니다. 결국, 모두가 텅 비어 없기 때문이다. 그러므로 일체가 텅 비어 없는 줄 알아야 모든 것으로부터 해탈이다.

산승의 말도 취하지 마라

"큰스님들이여! 만약 이와 같이 통달한다면 범부다, 성인 이다 하는 이름에 구애되지 않을 것이다. 그대들의 한 생각 마음이 빈주먹 속에서 무엇인가 있다는 생각을 낸다. 또 육근과 육진의 법에서 공연히 없는 것을 만들어 내어 괴이한 짓을 하여 스스로를 가볍게 여기고 뒷걸음질치면서 '나는 범부고 저 분은 성인이시다.'라고 한다. 이 머리 깎은 바보들아! 무엇이 그리 다급하여 사자의 가죽을 쓰고 여우의 울음소리를 내는 가?"

해설 _ 모든 존재는 공이다. 삼라만상과 천지만물도 모두가 공이다. 남녀노소 · 성인 · 범부 · 부처 · 조사 · 보살 · 나한 모두가 공이다. 무엇이든 모두 실제로 있는 것처럼 보일 뿐이다. 왜 없으면서 있는 것처럼 보이는가? 연기緣起로 인하여 존재하기 때문이다. 왜 있으면서 공인가? 연기로 존재하기 때문이다. 먼지 하나에서부터 삼천대천세계에 이르기까지 연기로 존재하지 않는 것이 없다. 세균이나 미물 곤충이나 사람에 이르기까지 역시 연기로 존재한다. 이와 같이 알면 성인이다 범부다 하는 이름에 하등 구애될 것이 없다. 칭찬과 비난에도 하등 구애될 것이 없다. 모함하고 음해하는 것에도 하등 마음 흔들릴 것이 없다. 영광도 오욕도 하등 마음 쓸 일이 아니다. 태평무사다. 배울 것도 없고 할 일도 없는 한가한 도인은 거짓도, 진실도, 선도, 악도 찾지 않는다.

"대장부 사나이가 장부의 기개를 펴지 못하고 자기 집안의 보물을 믿으려 하지 않는다. 단지 바깥으로만 찾아다닌다. 옛 사람들이 만든 부질없는 명칭과 문구에만 사로잡혀 이리저리 이 말에 의지하고 저 말에 의지하여 분명하게 통달하지 못한다. 경계를 만나면 곧 거기에 반연한다. 육진을 만나면 곧 또 집착한다. 닿는 곳마다 미혹을 일으켜서 스스로 정해진 기준이 없다. 도를 배우는 벗들이여! 산승이 말하는 것도 취하지 말라. 왜냐? 내 말에도 아무런 근거와 의지할 데가 없다. 잠깐 허공에 대고 그림을 그린 것이다. 또 남이 그린 그림이나 형상에 채색을 입히는 것과 같다."

해 설 _ 천 번 만 번 부르짖는 말이지만 모든 문제의 해결은 자기 자신에게 있다. 행복도 평화도 물론 자기 자신에게 있다. 우리 자신은 무한한 능력과 영원한 생명 그 자체다. 어떤 부귀와 영화와 명예도 자기 자신에게 있다. 자신의 이와 같은 보물 창고를 버리고 어디를 헤매는가? 나 자신이 아닌 다른 곳으로 찾아 헤매인들 무엇을 얻겠는가? 부질없는 문자상에서 이리저리 헤아려 본들 무엇이 나오겠는가? 설사 어록 중에서 왕이라고 일컫는 임제 스님의 말이라 하더라도 예외는 아니다. 부처를 죽이고, 조사를 죽이고, 경전과 어록을 똥 닦는 휴지로 취급하는 더없이 높고 높은 소리를 토해 놓은 것이라 하더라도 역시 마찬가지다. 임제 스님의 말씀도 취하지 말라. 아무것도 아니다. 그 역시 똥 닦는 휴지에 불과하다.

또 한 가지 육진 경계에 끄달리지 말라. 설사 불보살이 와서 방광放光을 하고, 자신을 업어주고, 예배하고 하더라도 그것은 역시 육진경계에 불과하다. 사람들을 더욱 미혹하게 할 뿐이다. 자신에게는 무엇과도 바꿀 수 없는 무위진인이 있다. 그대들의 얼굴을 통해서 자유자재로 드나든다. 부디 수처작주하라. 어떤 상황이 앞에 나타나더라도 흔들리지 말고 자신을 지키라. 이것이 진짜 불교다. 죽은 뒤에도 잊어서는 안 될 임제 문중의 인천 안목人天眼目이다.

부처를 찾으면 부처를 잃을 것이다

"도를 배우는 벗들이여! 부처를 최고의 경지라고 여기지 말라. 나에게는 그것이 마치 화장실의 변기와 같은 것이다. 보살과 나한은 모두 다 목에다 씌우는 칼과 발을 묶는 족쇄와 같이 사람을 결박하는 물건들이다. 그러므로 문수는 긴 칼을 비껴들고 부처님을 죽이려 했고, 앙굴리마라는 단도를 가지고 석가모니를 해치려 한 것이다."

해설 _ 강강剛強한 말세의 사람들에게는 역시 강강한 처방이 필요하다. 면역성이 강해지면 그만치 고단위 약을 써야 듣는다. 제발 부처니 보살이니 조사니 하는 성스러운 모습과 그 명칭에서 벗어나라.

부처란 무엇인가? 마치 화장실의 변기와 같은 것이다. 보살과 아라한은 또 무엇인가? 모두 죄인의 목에다 씌우는 칼과 발을 묶는 족쇄와 같은 것이다. 그러니 부처가 있는 곳에는 머물지 말고 부처가 없는 곳에는 급히 지나가라. 별로 좋은 물건이 아니다. 문수보살과 앙굴리마라가 할 일이 없어서 그와 같은 짓을 했겠는가? 모두가 경계에 집착하여 자신의 보물 창고를 잊어버린 불쌍한 사람들의 눈을 열어주기 위하여 노파심절로 한 일이다. 우리들의 마음에 일체 허상이 다 사라지기를 바라고 한 일이다. 이렇게 강강한 처방으로도 듣지 않는 병이라면 임제도 어쩔 수 없는 일이다.

"도를 배우는 벗들이여! 부처란 얻을 것이 없는 것이다. 삼승과 오성과 원돈교의 자취마저도 모두다 그때그때의 병에 따라 약을 주는 것이지 고정된 실다운 법이 있는 것은 절대 아니다. 설사 있다 하더라도 그것은 말로 표현하는 길거리의 광고 게시판이다. 문자를 알맞게 배열해 놓은 것이다. 임시로 이와 같이 이야기 해 본 것일 뿐이다."

해설 _ 불교에는 입만 열면 부처님, 보살님, 성문, 연각, 아라한, 도인, 선지식, 큰스님, 십신, 십주, 십행, 십회향, 십지, 등각, 묘각 등등 별의별 명칭을 다 말한다. 그리고 경전만 펼치면 그러한 명칭들이 있다. 그러나 부처니 보살이니 하는 말도 모두 실재하는 것이 아니다. 다만, 표현하는 말에 불과하다. 병에 따라 시설하는 약방문일 뿐이다. 혹은 길거리에 내걸린 광고문에 불과하다. 만일 실제로 있는 것을 말한다면 그것은 오직 사람이 있을 뿐이다. 사람 하나를 두고 별의별 이름을 다 붙인 것이다. 진정 부처를 좋아하는가? 부처란 다만 부처를 좋아하고 있는 바로 그 사람이다. 그 외에는 달리 아무것도 없다. 그 사람도 실은 부득이해서 하는 말이다. 그렇게 알아야 한다. 그와 같은 명칭을 일컫는 그 사람마저 부득이해서 말 할 뿐인데 여타의 것이야 말해 무엇하랴?

그래서 필자는 불교에서 굳이 사상을 말하라면 인불사상人佛思想이라고 하고 있다. 사람이 곧 부처라는 말이다. 그래서 우리가 부처님에게 하듯 사람에게 그렇게 하면 모든 문제는 해결이다. 평화도 행복도 거기에 있다. 우리가 무엇을 보든 현재 이대로 부처가 아니라고 할 이유가 하나도 없기 때문이다. 혹자는 보통 삶은 부처로서의 효용이 없다는 말을 하지만 그것은 모르는 말이다. 보통 사람 그대로가 완전무결한 부처인 것이다.

자세히 들여다보라. 사람이 이렇게 보고 듣고 느끼며 살아가는 일이 얼마나 신기한 일인가? 부처가 아니고서야 어찌 이럴 수가 있는가? 아프면 아파하고 기쁘면 기뻐하고 슬프면 슬퍼한다. 순간순간이 부처의 삶이다. 참으로 신묘하다. 불가사의하다. 매일 매일 천금을 드려서 잔치해야 할 일이다. 매일 매일 최고의 파티를 열어야 한다. 사람이 산다는 일이 이렇게 감동적일 수가 없다.

"도를 배우는 벗들이여! 어떤 머리 깎은 사람들이 있어서 곧 그러한 것에 공을 들여서 출세간법을 구하려고 한다. 그것은 잘못이다. 만약 어떤 사람이 부처를 구한다면 그 사람은 부처를 잃을 것이고, 만약 도를 구한다면 도를 잃을 것이며, 만약 조사를 구한다면 조사를 잃을 것이다."

 해설 _ 자신이 부처인데 다시 부처를 구한다면 이미 있는 부처를 잃게 된다. 자신이 그대로 도인데 다시 도를 구한다면 이미 있는 도를 잃게 된다. 자신이 조사인데 다시 조사를 구한다면 이미 있는 조사를 잃게 된다. 물로써 물을 씻으려는 것이고, 마음으로써 마음을 쓰려는 일이다. 오히려 멀어질 뿐이다. 공연히 쓸데없는 문자에 이끌려 긁어 부스럼을 내고 있다. 머리 위에 다시 머리를 하나 더 올려놓는 일이다.

의심하지 말라

"대저 지극한 도는 논쟁을 하여 높이 드러내는 것이 아니다. 큰소리를 쳐서 외도를 꺾는 것도 아니다. 불조가 면면이 서로 이어오는 것조차 무슨 별다른 뜻이 있는 것이 아니다. 설혹 부처님의 말씀과 가르침이 있다 하더라도 교화하는 법도에 따른 삼승과 오성과 인천인과의 가르침에 떨어져 있을 뿐이다. 그러나 원교 돈교는 또한 그런 것이 아니다. 선재동자도 남김 없이 법을 구하고 선지식을 찾는 일을 마치지는 못하였다."

해설 _ 지극한 도에 눈을 뜬 사람들은 가슴을 치고 옆구리를 치면서 '나는 선을 알고 도를 안다.' 라고 하면서 으스대지 않는다. 마이크를 들고 목이 터지라 외치지도 않는다. 설사 과거에 불불 조조가 면면히 이어온 사실이 있다 해도 무슨 특별한 의도가 있는 것은 아니다. 많은 가르침이 있다 하더라도 방편으로 부득이하여 펼쳐놓은 교화의식教化儀式이다. 그래서 크게 눈을 뜨고도 종적을 감추고 숨어 사는 사람들을 가장 훌륭한 도인으로 친다. 다음은 광인 같은 역행 보살로서 사람들이 측량할 수 없는 삶을 사는 도인을 친다. 가장 낮은 도인은 회상을 열고 사람들을 제접하며 천하에 이름을 떨치며 사는 도인을 친다.

그렇다면, 무수한 도인들이 이름도 없이 종적도 없이 왔다가 갔을 것이다. 역사 속에서 이름을 남긴 도인들보다 훨씬 빼어난 분들이라 생각하면 매우 아쉽고 서운하다. 좀 더 몸을 낮추고 드러내어 사람들과 가까이 살았더라면 하는 마음 간절하다.

"큰스님들이여! 마음을 잘못 쓰지 말라. 마치 큰 바다가 시체를 그냥 머물러 두지 않듯 하니라. 그렇게 한 짐 잔뜩 짊어지고 천하를 돌아다니니, 스스로 견해의 장애를 일으켜 마음을 막는 것이다. 해가 뜨고 구름 한 점 없으니 아름다운 하늘에 온통 햇빛이 비친다. 눈에 병이 없으니 허공에 꽃이 없다."

🏮 해설 _ 불법에서 바르지 못한 소견은 끝내 남겨두지 않는다. 모두 다 걸러낸다. 바다는 시체들을 모두 밖으로 밀어내는 것과 같다. 되지 못한 안목을 짊어지고 천하를 돌아다녀 봐야 자신의 공부에

방해만 될 뿐이다. 삿된 견해와 바르지 못한 안목은 설사 많은 사람의 주목을 받다가도 결국 도태되고 만다. 큰스님이요, 훌륭한 선지식이라고 문전성시를 이루다가도 끝내 그 바닥이 드러나고야 만다. 참되고 바른 견해를 가진 사람은 인생사와 세상사에서 마치 구름 없는 하늘에 태양이 떠서 온 천지를 환하게 비치는 것과 같다. 눈에 병이 없으면 헛꽃을 볼 까닭이 없다. 사람이 잠들지 않으면 모든 꿈은 저절로 사라진다. 마음에 이상이 없으면 모든 일에 문제가 없다.

"도를 배우는 벗들이여! 그대들이 법답게 되기를 바란다면 오직 의심을 내지 마라. 펼치면 온 법계를 싸고도 남는다. 거두면 실 끝도 세울 데가 없다. 뚜렷하고 호젓이 밝아 일찍이 조금도 모자란 적이 없었다. 눈으로도 볼 수도 없고 귀로도 들을 수도 없으니 무엇이라고 불러야 하겠는가? 옛사람이 이르기를 '설사 한 물건이라 하여도 맞지 않다.' 하였다. 그대들은 다만 자기 자신을 스스로 보아라. 더 이상 무엇이 있겠는가? 설명한다 해도 끝이 없다. 각자가 힘껏 노력하여라. 편히 쉬어라."

해설 _ 일물一物, 즉 마음에 대한 설명이다. 자고로 불교에서 가장 많이 이야기되는 것이다. 어쩌면 불교는 이 마음 하나 밝히자는 것인지도 모른다. 팔만대장경이 모두가 마음 하나 설명한 것이라고 해도 과언이 아니다. 그래서 청매 조사는 경전 어록을 읽되 마음에 반조하지 않으면 아무런 이익이 없다고 하였다. 그것은 경전 어록들이 모두가 마음을 설명하고 있기 때문이다. 마음이라는 말도 정확한 표현은 아니다. 한 물건이라는 말도 맞지 않다. 그러나 흔히 '여기에 한 물건이 있다.' 라고 한다.

보조 스님은 우리 한 마음의 다른 이름들을 진심직설에서 소개하고 있다. 경전에서는 심지心地·보리菩提·법계法界·여래如來·열반涅槃·여여如如·법신法身·진여眞如·불성佛性·총지摠持·여래장如來藏·원각圓覺 등등이라 한다. 또 조사들의 어록에서는 자기自己·정안正眼·묘심妙心·주인옹主人翁·무저발無底鉢·몰현금沒絃琴·무진등無盡燈·무근수無根樹·취모검吹毛劍·무위국無爲國·마니주摩尼珠·니우泥牛·목마木馬·심원心源·심인心印·심경心鏡·심월心月·심주心珠 등등이라 하였다.

그리고 이 한마음을 직접 가리켜 설명하고 있는 어록도 많다.

심부주心賦註·심요心要·유심결唯心訣·진심직설眞心直說·무심합도송無心合道頌·심왕명心王銘·신심명信心銘·심명心銘·식심명息心銘·완주음玩珠吟·획주음獲珠吟·심주가心珠歌 등등 다 열거할 수 없다. 설사 한 물건[一物]이라 하더라도 모두가 틀린 소리라는데 왜 이렇게 말이 많은가? 이 단락의 공부는 역력고명 미증흠소歷歷孤明 未曾欠少와 설사일물 즉부중說似一物 則不中이다.

여기까지가 시중법문이다. 임제 스님이 학인들에게 들려주고 싶고 당부하고 싶은 가르침이다. 모든 공부인들에게는 이 시중법문이 특효

약과 같다. 팔만장경의 정수다. 임제 스님의 사상이니 가풍이니 종풍
이니 하는 살림살이가 자세히 녹아 있다. 친절하고 자상하다. 천고 만
고에 더 덮을 수 없는 주옥같은 법어다. 시중법문을 남겼기에 오늘날
후손들이 어렵게나마 턱걸이를 해서라도 그 고준한 경지를 엿볼 수
있었다. 굳이 어쭙잖은 생각으로 순서를 나눈다면 이 시중법문이 제
일이다.

감변 勘辨

해설 _ '감정하고 점검하여 분별해 내다. 헤아리고 조사하다.'라는 뜻이다. 공부하는 사람들의 수행의 깊고 얕음과 깨달음의 진실과 거짓을 분별하기 위한 문답들이 실려 있다. 흔히 말하는 선문답이다. 법문의 격은 상당법어 이상으로 높이 본다. 온 우주가 전체로 작용하고 무위진인이 활발발하게 활개를 친다. 진도 100의 지진이 일어나고 활화산이 폭발한다. 산하대지가 요동치고 큰 바다가 1,000미터 높이로 파도 친다. 실재의 지진이 일어나고 화산이 폭발한다는 것이 아니다. 눈에 보이는 산하대지가 요동치고 큰 바다가 파도 친다는 것이 아니다. 그것보다도 몇 배 더 큰 사람들의 오온과 육근 육진과 십이처 십팔계가 그렇게 큰 충격을 받고 흔들리고 뒤집히고 찢어지고 부서지고 무너져 내린다는 뜻이다.

임제록의 감변, 행록, 탑기의 자세한 내용은 필자의 「임제록 강설」을 참고하기를 추천한다.

무비스님의 **작은 임제록** 🛖 불교는 쉽다

2007년 12월 20일 초판 1쇄 발행
2008년   5월   1일 개정판 발행
2023년   5월 17일 개정 증보판 12쇄 발행

풀 어 씀 ┃ 如天 無比

펴 낸 이 ┃ 김진욱
펴 낸 곳 ┃ 도서출판염화실

출판등록 ┃ 제2007-11-11호
주   소 ┃ 609-814 부산광역시 금정구 청룡동 546
전   화 ┃ 051) 515-7870 / 508-3043

법공양 동참 계좌번호 : 부산은행
            241-12-023353-4 김진욱 (무비스님)

불교공부의 叢林 다음카페 염화실
            http://cafe.daum.net/yumhwasil

이 책을 복사하기를 환영합니다.
            널리 법공양하면 공덕이 무량합니다.
ISBN 978-89-960813-7-1